目次

013 **STEP 0**

プロデュース思考って、なんだ？

「プロデュース思考」を学んで、ブランディングしよう！

025 **STEP 1**

課題を発見する。

まち・ひと・仕事を知って、現場へ聞いて、実践しよう

057 **STEP 2**

作戦を練る。

発見した課題をビジネスモデルで検討しよう

自分 仕事 未来 を簡単アップデート

はじめての
プロデュース思考

MY FIRST PRODUCE THINKING

ブランドプロデュースラボ
川本真督
Kawamoto Masayoshi

ザメディアジョン

プロローグ

プロデュースは身近に感じづらく、難しい。

　プロデュースやプロデューサーと言えば、タレントが持つ個性を見つけて磨きをかけ、テレビ番組の企画を考えるといったイメージを持っている人が多いのではないでしょうか。

　私は、多くの人が、プロデュースという考え方や仕事にハードルが高いイメージを持っていると仕事を通じて気づきました。

　それと似て、みなさんの周りにも「新しいことに挑戦したいけど、できていない」「今、取り組んでいる仕事をもっと伸ばしたい」とモヤモヤしている人がいらっしゃるのではないでしょうか？私は、この方々にもプロデュースという考え方が活用できると思い、自身の経験を通じて本書を執筆させていただきました。

　題名にもある「プロデュース思考」は、自分の思いをカタチにしたり、今あるものに新しい価値を加えて広めていくというシンプルな考え方を指します。

　この考え方は、なりたい自分に挑戦することだけでなく、ビジネスにおいても非常に重要な考え方です。

　それをイラストでわかりやすく、楽しく伝えるのが「自分・仕事・未来を簡単アップデート　はじめてのプロデュース思考」です。アップデートとは「更新する」という意味で、全体だけでなく一部分の更新も含まれています。

　では、この「プロデュース思考」は本当に使えるものなのでしょうか？　私の自己紹介と本書を作るきっかけと併せて次ページで見ていきましょう。

自己紹介が遅くなりました。はじめまして、ブランドプロデュースラボ代表の川本です。

　私は2012年に東京で起業後、地域活性化に関わる活動に魅力を感じて2016年に地元広島にＵターンし、これまでの経験を活かせる「起業家支援・経営者支援」を行っています。

　私自身、起業・副業を意識しはじめた頃、よく悩んでいましたし、なかなか結果にならない日々が続いたので、不安や心配事だらけでした。そんな中でも、夢を諦めずに発信・行動を続けたことで、少しずつ成果を作ることができました。そして、地域の中でも支えてくれる方が増えてきたことで、今があります。

　何か新しいことに挑戦しようとしている方は、きっと私と同じような悩みや不安を持っているのではないでしょうか？

　本書は挑戦したいけど、一歩前に踏み出すことができない人の背中を押すことができると確信しています。

　実は、本書の制作には、プロジェクトメンバーとして、出版社の編集者やデザイナー以外に、「何か挑戦したい」と漠然と考えていた普通の会社員も関わっています。

　制作開始時に、彼らは口をそろえて「やったことないし、そんなの無理です」の一点張りでした。しかし、本書で書いている内容を実践しながら、制作を進めていく中で最終的には、彼らが単なるスタッフとしてではなく、私やメンバーにも提案をするまでに成長することを間近で見ることができました。

　だからこそ、私もこの本が単なる読み物としてだけではなく、実践すればスキルアップに繋がるバイブルになると確信しています。

　さっそく本書を手に取ってくださったあなたも次ページから本書のキャラクターであるモッティと一緒にプロデュース思考を楽しく学び、自分・仕事・未来をアップデートし、やりたいことにチャレンジすることで思いをカタチにしていきましょう。

本書はこんな人にピッタリ

起業、副業を考えている

新しい考え方を自分の仕事に取り入れたい

商品企画・広報・営業をしている

事業を新しいことに挑戦したい

プロデュース思考
॥
あなたの思いをカタチに変え、それをお客様に届けること

5つのSTEPで実践しよう

STEP 1　課題を発見する。

STEP 2　作戦を練る。

STEP 3　確認する。

STEP 4　試す。

STEP 5　継続する。

起業家だけでなく、何かに挑戦したいと考えている会社員の方にも実践できる内容です。

　5つのSTEPはシンプルなことばかりなので、本書をきっかけに、自分・仕事・未来をアップデートしていきましょう！

　本書の主人公であるモッティは、都会のイーストシティで仕事をしていましたが、同じ日々の繰り返しにマンネリを感じてしまい、地元のペンギン村の酒造メーカー（ペンペン醸造）へUターン転職しています。

　地域から何かを生み出したいという目標を達成するために「プロデュース思考」を活用して現状を改善し、スキルアップしながら目標に向かって奮闘するストーリーです。ただ、1人では力不足なので、コンサルタントのギンさんがモッティの成長を手助けしてくれます。

　モッティの勤めるペンペン醸造は、地元では名の知れた老舗の酒造メーカーです。しかし、最近は決まった顧客にしか営業活動ができておらず、社内で減収や減益が心配されています。代表のシロクマ社長も、「既存事業の改善だけでなく、新規事業に挑戦しないと、他メーカーに負けてしまうな……」となんとかしたい想いを持っています。

　みなさんも会社規模にかかわらず、チームや個人レベルで「何か取り組みたい。けど、何をしていいかわからない」といった課題はあるのではないでしょうか。

　上記にもある通り、モッティも何かに挑戦したいという想いがあり、モヤモヤと悩んでいるところから物語は始まります。

　本書は、モッティとみなさんに実践していただくために、ワークを複数用意しています。共有しながらできる環境であれば、是非、複数人で実践してください。複数人だと多くの視点で学べますので効果が大きく、オススメです。

本書の読み方

本書は読みながら学ぶほかに、
実際に本書に書き込みができるページも用意しています。
本編を読む前に、ここでは読み方の説明をします。

🔢 「WORK！」は本書に書き込みながら学べます

 自分の仕事をAISASにあてはめてみよう！

　本書では、ペンギンの「ギンさん」がチューターとして登場
し、プロデュース思考をレクチャーします。このアイコンがあ
る項目は、本書に書き込みながら学ぶことができます。

---

2 ギンさんからのアドバイスを記載

ギンさんのアドバイスコーナー

 **人生の価値は、
誰かのために生きてこそ決まる。**

　各STEPの各項目の最後に、ギンさんから項目に関連する簡
潔な言葉を紹介します。考え方を整理したいときは、アドバイ
スにも目を通してください。

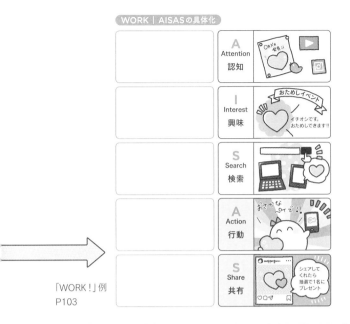

WORK | AISASの具体化

	A Attention 認知	
	I Interest 興味	
	S Search 検索	
	A Action 行動	
	S Share 共有	

「WORK!」例
P103

この二次元バーコードを読み取っていただくと、本書で紹介する「WORK!」を書き込むシートのページにアクセスできます。そのページを出力していただければ、メモ用紙として使っていただけます。

https://bplab.biz/worksheet/

---

3 各STEPの「まとめ」を記載

各STEPの最終ページで、そのSTEPで紹介した重要なポイントをまとめて掲載しています。すべてのページを読み終えて、後日読み返す場合、このページから開けば各STEPでどんなことが書かれていたかを思い出すヒントにもなります。

登場キャラクター紹介!

モッティ

ペンペン醸造に勤めるサラリーペン。「自分らしく何かに挑戦したい」と思い、都会のイーストシティから地元であるペンギン村に転職。けど、未だに何をして良いのかを悩んでいる。単純でお調子ものな性格だが人一倍頑張り屋。

ギン

ペンペン醸造のコンサルタント。優しいアドバイスをモットーに色んな商品・事業をプロデュースしている。

スタッフ

モッティと共に働く仲間たち。ラッ子さんとヒョウザラシ先輩。

シロクマ社長

ペンペン醸造の社長。はっきりとモノ申すタイプで頑張る人を応援する。甘いものが大好き。

本書では、コンサルタントのギンさんが、サラリーマンのモッティにさまざまなアドバイスをしながら、1つのプロジェクトを形にしていく物語が描かれています。その物語に登場するキャラクターたちを紹介します！

ペンギン村

メーさん

会社員をしながら挑戦したいことを小さく始めて現在は独立してペンギン村でイチゴ農園を営んでいる。近くに飛んでるミツバチは相棒で頭の毛は生まれつき。

ボディビルダー
アザラシさん

ペンギン村在住。ボディビルダーになるために日々、励んでいる。本書の内容をみんなにわかりやすいような例で紹介。

カスタマーズ

決してお化けではないお客さんたち。

ペンギン村の住民

物語に出てくるペンギン村の住民。

さあ、始めよう！

STEP 0

プロデュース思考って、なんだ？

「プロデュース思考」を学んで、
ブランディングしよう！

MY FIRST PRODUCE THINKING

僕は2年前まで
大都会の
イーストシティで
働いていた

希望を
持って
就職した
この会社

しかし現実は
理想と違い
自分と
葛藤しながら
ひたすら
頑張る日々…

僕って
なんだろう

年々忙しく
なって
家族との
時間も減って
しまってるし
……

同じ時間で
エネルギーを
使うなら

自分の
好きな故郷で
自分らしく
できることに
チャレンジ
したい

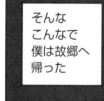

そんな
こんなで
僕は故郷へ
帰った

だけど今日も
ただただ
いつもの業務を
こなして終わって
しまった！

すっかり元気

自分がやってみたい
と思うことに
挑戦してみたい！
けど、何して良いか
分からない!!

そんなキミに
プロデュース
思考!!

STEP 0

01 プロデュース思考との出会い

STEP 0

STEP 1

STEP 2

STEP 3

STEP 4

STEP 5

 ん？　あなたは？

 ペンペン醸造でコンサルティングをしているギンです。ところで、会社で毎日頑張っているけど、自分にもできる新しい挑戦を探しているようだね。

　モッティのように新しい事業や取り組みを始めたい人、スキルアップしたい人、はたまた会社員で副業や複業、創業を考えている人にはプロデュース思考はとってもぴったりなんだ。

 こんなところに救世主‼︎　ところで、さっきから話しているプロデュース思考って何ですか？

 　プロデュース思考とは、

＝あなたの思いをカタチに変え、
**　それをお客様に届けること**

 なんだか難しそうですよね……。

 大丈夫。取り組めるようになるために僕がいるし、とてもシンプルなことが多いよ。

　まずは次のページで5つのSTEPを確認していこう。

STEP 0
STEP 1
STEP 2
STEP 3
STEP 4
STEP 5

5つのSTEPで思いをカタチにしよう

STEP 1 | 課題を発見する。

まずは自分を知って課題を見つけよう。課題に気づけたら深堀りして解決できそうな課題なのか、解決することでどんなことが生まれそうなのか検討してみよう。

STEP 2 | 作戦を練る。

ビジネスとして成り立つのか作戦を練ろう。考え方やマーケティングも学びながら実現度合いを確認していくよ。日常生活でも活用できる事例も紹介しているから楽しくWORKを実践していこう。

STEP 3 | 確認する。

自分たちが考えた商品やビジネスがお客さんのニーズに合致するか確認しよう。お客さんとの交渉時や日常でも使える質問テクニックをイラスト付きで解説しているよ。

STEP 4 | 試す。

確認した情報を元に、テストマーケティングを実施したり、誰でもできるクラウドファンディングやメディアを活用した集客を実践してブランド力を高めていこう。

STEP 5 | 継続する。

個人で出せる成果には限界があるからチームでも結果を出せるようになろう。業務の継続方法や優先順位設定など、良いチームリーダー・メンバーを目指して、やりたいことを実現していくよ！

■ 5つのSTEPがないと……

■ 5つのSTEPがあると……

STEP
0

STEP
1

STEP
2

STEP
3

STEP
4

STEP
5

課題を発見。

気づく!!

作戦を練る。

コッ　コッ

確認する。

ニーズを確認

試す。

ついに……　じ————ん

継続する。

みんなで達成!

5つのSTEPがない場合とある場合を比べてみてどうだった？

 僕、ない場合でヒットすることがいくつかある……。

 まずは自分の現状を知ることが大切だし、プロデュース思考は誰でも実践できるシンプルな考え方だから心配しなくても大丈夫だよ。

 ほんとですか‼　僕も5つのSTEPを取り組めるようになって新しい事業に挑戦して結果を出せるようになりたいです！　ギンさん、ご指導よろしくお願いします！

　さっそく、社長へ新規事業に挑戦することを伝えなきゃ！　企画書を作ったので、社長へ話してきます！　これから頑張っていきますよ！

 え！　もう⁉　早いな。
　どんな企画？　っておい‼　どこ行ってるんだ⁉　まだ、何もプラン聞いてないぞ〜〜‼

なんだかできそうな
気がしてきましたー！

ギンさんのアドバイスコーナー

まずは深呼吸！
冷静さほど、大切ことはない。

STEP 0
02 挑戦を決めた後に現れる 言い訳ワード

 え！　急に何かと思ったらこの企画書を見る限り、新規事業やりたい！　って想いだけ⁉

でも、こういう風にやってみたいという想いが大切だと思うんです！

想いについては確かにそうだな。当社は長年続く酒造メーカーだけど、同じ事業だけでは淘汰されてしまうし、業績改善が必要だからな。何か良い企画やイベントも考えて、実践してくれ。

はい！　精一杯やります‼

 よし‼　じゃあ、固定観念を持たず、モッティの希望通り新規事業に挑戦してもらいたい。

　もう転職して2年程度経って仕事には慣れてきているだろうし、たしか、転職の志望動機も挑戦できる社風を気に入ってくれたからだったよな？

 そうです！　今、まさに、新しいことに挑戦したいんです。

 よし！　では、企画をよろしく頼むぞ。

え……僕、1人で考えるんですか？　社長は？

私は、しっかりとモッティの企画の判断をしなくてはいけないからね。

 でも、僕、やったことないですし……。

 でもじゃないだろ。さっきの勢いはどうした。それじゃあ、成長は止まってしまうぞ。まあ、今回は研修もかねて、コンサルで入ってもらっているギンさんにフォローをお願いしよう。
　頼むぞ。ギンさん。

勢いは良いけど、勢いだけでは仕事はうまくいかないよ。相談もしてくれなきゃ、アドバイスもできないでしょ。まずは、言い訳しないこと。一緒に良いプロジェクトを作っていこう！

 でも、ほんとに取り組んだことがないんでやり方がわからないんですよ。だって、通常業務もありますし。
　おまけに、僕、不器用ですし。他にも、だって、だって……。

ダメだって言ったでしょ！

 あ！　すみません……ついつい言い訳が……。
しっかり頑張ります!!　ギン師匠！　よろしくお願いします!!

ギンさんのアドバイスコーナー

 # いい訳なんて、いいわけないよ！

STEP
0

STEP
1

STEP
2

STEP
3

STEP
4

STEP
5

STEP 0
03 言い訳ワードをなくし、挑戦できる人になろう

 現状から自分を脱却させようとすると、必ず課題に直面するよ。その悩みを言う直前に出る言葉が、「でも」「だって」等の言い訳ワードだよ。

人は、思っている以上に自然と言い訳しているんだ。もちろん、僕も言い訳することはあるよ。

もし、モッティが何か挑戦する時に言い訳をしてしまって前に進めないペンギンだったら、まずは言い訳ワードをなくすことを意識して一歩を踏み出せる人になろう！

でもどうしたら……。頭ではわかっていますけど、実際に口から出る言葉は言い訳ワードになってしまいます。

あ！　また、「でも……」って言ってる‼

言わないように意識することも大切だけど、「できない理由」ではなく、「できる理由」を探すことを意識してみよう。

できる理由を想像して実践できる人は良いけど、それでも言い訳してしまう人は紙に書き出すと自分の考えが整理できるよ。何が原因で言い訳しているのか整理できるし、それに気がづけたとき、案外大きな問題でないことや解決できることだと気づくことはよくあるからね。

たしかにそうですね。何か取り組むときって始めるまでの一歩を踏み出すことに時間がかかるけど、やってみるとすんなり進むことって誰でも経験があると思います。

「こんなことが理由でめんどくさかったのか」と知るためにも良いですね。

始めのうちは時間がかかっても大丈夫。小さいことでも決断して行動する習慣ができれば挑戦できる人になるからね！

最終的には、自分が何をすべきか考えて早い決断で「まず、やってみる!!」これに尽きるよ！ 実践して難しかった場合はそれが経験で蓄積できるからね。

次からはプロデュース思考のSTEPを進めていこう。まずは問題を発見することを考えていくよ！

ギンさんのアドバイスコーナー

まず、やってから考えよう。
うまくいかなきゃ、やめればいい。

STEP
0

STEP
1

STEP
2

STEP
3

STEP
4

STEP
5

STEP

1

課題を発見する。

まち・ひと・仕事を知って、
現場へ聞いて、実践しよう

モッティのように、なりたい自分、やりたいことがあればみんなプロデューサーになれるよ！

やりたいことは実践方法があってこそ実現するその方法が「プロデュース思考」だよ。

あとででてくるよ

ムキ →

プロデュース思考はビジネス以外でもやりたいことをカタチにしてくれるんだ！

わ〜!!

今はふんわりとした思いでも、はっきりとした目標に変わるよ!!

STEP 0

STEP 1

STEP 2

STEP 3

STEP 4

STEP 5

　これからSTEPを踏んで自分を発見していこう。その前に白紙とペンはお忘れなく！　では、プロデュースの第一歩を踏み出そう！

STEP
1

課題を発見する。

01 現状把握なくしての プロジェクトの成功はない

 さあ、ギンさん！　どのスキルから実践していきます？　売り方の作戦を立てることから始めますか？

 ダメダメ！　今回の企画を達成するための課題を考えてないでしょ。まずは、自分の軸を確認してから課題を考えないとあっちこっちに目が向いてしまって、やるべきことが定まらないからね。

 えぇぇ……。けど、早く成果出したいですし……。

 これは、成果を出すために必要な土台なんだ。モッティはどんな企画がしたいんだっけ？　あと、どんな将来を描いている？　どんなことを実現したいと思ってる？

 うっ。まだ、漠然としてて、決まってないです。

 それじゃあ、決まりだね。まずは自分や周りの課題を知った上で、お酒を通じてどんなことでお客さんの役に立てるのかを考えてみよう。

　多くの人が、「挑戦はしてみたい！　稼ぎたい！　けど、何をしていいかわからない」、「わからないことがわからない」といった悩みや考えを持っているから、まずはそこに気づこう。

 ……。

僕も昔はそうだった。初めから課題に気づいて行動し、成功を収める人は少ないからね。今回、考えるには良いきっかけだから、まずは、自分の興味や課題に気づいて、事業を考えることで企画を成功させよう!!

はい!!　わかりました!!

現状把握なくしてのプロジェクトの成功はない ｜ 1 - 01

STEP 0
STEP 1
STEP 2
STEP 3
STEP 4
STEP 5

まずは、モッティがどんな事業を実施したいのかを検討するためにも、セルフイメージについて考えていこう。セルフイメージってどんなものか分かるかい？

う〜ん……「自分のイメージ」ですかね？

まさしくその通り。セルフイメージは「自分が何者であるかを理解すること」だよ。
「やってみたいこと」や「なりたいイメージ」を認識してから行動することで、日常生活や仕事はもちろん、人生だって変えることに繋がるんだ。

色んな○○○○　夢が　あったなぁ〜

そんなきっぱり言っちゃって大丈夫ですか？

大丈夫だよ。今回は、セルフイメージについて理解を深めて効果を確認していこう。ただ、当然だけどイメージを持つだけでなく行動しないと結果は出ないからしっかり行動していこう‼

わかりました。よろしくお願いします！

思考が変われば結果が変わる！

 自分がどんなことを実現したいかという目標や夢がなければ、新規事業を実施しても良い結果には繋がりにくいんだ。例えば、高校球児！「甲子園優勝を目指して練習するチーム」と「目の前の試合に勝てるように練習するチーム」は、どっちが予選を勝ち進められると思う？

それは、甲子園優勝を目指して練習するチームでしょう……あ!?

チームが明確な目標やなりたい状態のイメージを持って練習していれば、勝つために何が足りなくて、どれくらいの練習が必要かを考えて練習するから、同じ練習量でも質が大きく変わってくるんだ。だから、セルフイメージはそれくらい、成果に直結する力を秘めているんだ。これは例だから、自分たちの実力や状況に応じて目標を決めなくてはいけないんだけどね。

たしかに大切なことですね。ただ、その気持ちって長続きするんでしょうか？

「目標を決めてスタートしても、始めはやる気があったのに、継続できない」って人は多いし、結果を出すまで、努力を継続することは大変だよね。継続については、STEP 5 で「PDCA」を使って伝えるけど、継続が難しくなる気持ちや考え方については3点あるよ。

① うまくいっている人と比較ばかりして、自分の自信を失う。
② いつの間にか、うまくいかない理由を作ってしまう。
③ 結果が出る前に、方法ばかり変えてしまう。

モッティもどれかにあてはまっているんじゃないかな？

悔しいですが、③ですね……。

STEP 0

STEP 1

STEP 2

STEP 3

STEP 4

STEP 5

結果が出ていないことは、行動していない自分が最大の原因であるにもかかわらず、自分には向いていないんだと問題をすり替えてしまうことが多いんだ。けれど、まずはその現状を知るだけでも進歩だよ。自分自身を知り、軸を作ることで新しい挑戦や努力を行なっていこう。自分を知って変えていこうと実践する人は、まだまだ少数派だからチャンスなんだ！

周りが実践していないことに、モッティや読者のみんなが挑戦することは、大きなリードだからね。下記ではマザー・テレサの言葉を引用しているんだけど、セルフイメージの力のまとめを最後に書いといたから参考にしてほしい！

セルフイメージの力

思考に気をつけなさい。それはいつか言葉になるから。
言葉に気をつけなさい。それはいつか行動になるから。
行動に気をつけなさい。それはいつか習慣になるから。
習慣に気をつけなさい。それはいつか性格になるから。
性格に気をつけなさい。それはいつか運命になるから。

思考を変えることで運命を変えることができる。だから、自分のセルフイメージをしっかりと高めていこう。

ギンさんのアドバイスコーナー

何をするかより、
「自分がどうありたいか」を
先に決めることが重要だ。

STEP 1

02 夢や目標をボックスに！

 今回は、「サクセスボックス」を使ってセルフイメージについて考えてみよう。

「サクセスボックス」ですか？

そう。かっこ良く名前を付けてみたんだ。事業や人生を通じて自分が実現したい状態を想像して「サクセスボックス」の中に書いてみよう。

ボックスって言っても……これってただの紙じゃないですか（笑）。

ただの紙でも書いてみる！　正直な気持ちでたくさん書いてみて。「こんなこと考えていたんだ」ってこともあるからね。

WORK!

サクセスボックスを書いてみよう。

　ボックスの中身を何で満たすかはみんなの自由だよ。お金だけでなく、健康でもOK。ただ、下の３つの質問には必ず答えてね。
Q1. あなたにとって、成功とはなんですか？
Q2. あなたにとって、幸せとはなんですか？
Q3. なたが叶えたい、夢はなんですか？

夢や目標をボックスに！ | 1 - 02

STEP
0

STEP
1

STEP
2

STEP
3

STEP
4

STEP
5

 さてと……できたかな？

サクセスボックスの結果と考え方

 たくさん出てきました‼　いやあ、これで人生順風満帆♪

モッティの書いたサクセスボックス：その1

・出世　・周りの評価UP　・人気者になる！　・スキルUP

・人脈を広げる　・達成感　・臨時ボーナス　・ベースアップ

・社内ベンチャーに挑戦！　・社長から表彰　・メディアから注目

・インフルエンサー　・年収2000万　・タワマンに住む　・旅行

　ふむふむふむ。さて！　これを見て、みんなは何を思った？
僕がまず思ったのは……、「全部自分のため」だね。

　みんなも書いている内容を振り返ってみてほしいんだけど、誰
が主体になっているものが多いかな？　モッティは自分が儲けて
遊んだり、家を買ったりするために新規事業をしたり、新しいこ
とに挑戦したいということになるよね。

　ですね〜。けど、世の中には僕の想像以上に稼いで豪遊し
ている人もいるんじゃないですか？

たしかにその通り。ただ、そういった人たちは、自分のためだけに仕事をして稼いでいるわけじゃないんだよ。お金も自分のために使うには限界もあるからね。

　まず、稼いでいるということは、お客さんがいて、サービスを購入してもらい、お給料が入って生活が出来る。その先には、家族がいて、仕事をするために会社があり、従業員がいる。そして、自分たちのサービスを認めてくれる社会がある。

　当たり前のことかもしれないけど、自分のためだけに仕事をしていてたくさん稼いでいる人は少ないし、そういった人には人がついていきにくいんだよ。そこで次の「WORK」だよ。

WORK！ 自分・家族・会社・社会のために 実現したいことを考えてみよう

　下のように、紙に線を入れて、自分が実現したいことを「自分・家族・会社・社会」といったように、それぞれ分けて考えてみてね。もちろん、書き込みもOKだよ。

WORK ｜ サクセスボックス

自分	家族	会社	社会

STEP 0

STEP 1

STEP 2

STEP 3

STEP 4

STEP 5

 出来上がりました！　この会社に入社する時の想いや今、自分が挑戦してみたいと考えていることも含めて書いてみました！

モッティが書いたサクセスボックス：その2

自分	家族	会社	社会
・出世	・妻へのプレゼント	・業績UP	・笑顔を提供
・周りの評価UP	・笑顔で帰宅	・スタッフとの	・新しいお酒を市場に
・人気者	・親孝行	協力関係UP	・ペンペン醸造の魅
・スキルUP	・働く時間の削減	・社員の給与UP	力を村以外に発信
・人脈を広げる	・自宅で副業	・社員のやりがい	・地域の商品で都会
・達成感	・家事を家族で協力	・設備投資で社員の	との関係を結ぶ
・臨時ボーナス	・子供と遊ぶ時間の	負担を削減	・お酒で食卓、コミュ
・ベースアップ	確保	・スタッフの人材育成	ニティを笑顔にする
・社内ベンチャーに	・旅行へ連れて行っ	にお金をかけて、仕	・世界に日本酒を広
挑戦	てあげる	事をまかせる	めて魅力を伝える

お！　色んなことを考えて書いてくれたね。家族には、旅行に連れていってあげたい。会社や社会に対しては、新しいお酒を作って満足してもらいたいという想いも良いね。

恥ずかしながら、実現できていないことばかりです。

大丈夫！　自分が挑戦してみたいことを見えるようにして実現方法を考える作業なんだから。
　「社会」に書いてある新しいお酒の種類は決まっているの？

えっ！　……まだ、正式に決まってるわけじゃないんですが、スパークリングワインを作ってみたいんです。

ほうほう。スパークリングワインか。いいね！　じゃあ、次のページからスパークリングワインについて深堀りしてみよう。「なんでそのワインを作りたいのか」「手に入れることでどんな満足が得られるのか」「それを持つことでどうなりたい・どう見られたいのか」など、具体的にたくさん掘り下げて考えてみることで新規事業の情報収集に取り掛かってみよう！

ちなみに、今回、自分の想いを書いてみてどうだった？

書く前は頭で想像するだけでもいいんじゃないかと思っていたんですけど、いざ、書いてみるとドンドン出てきたし、整理ができて良かったです！　最初、自分がなりたいと思っていたことは、自己中心的でしたけど、多くの人が喜んでくれることは何か？　と考えることで自分の視野の広さや仕事への意気込みが少し変化したように感じています！

モッティの言う通り、紙に書き出すと空白を埋めたいという心理が働いたり、書きながらアイデアが出ることも多いから、まだ書き出していない人は、騙されたと思って取り組んでみてね。

複数人で実施するときは、相手のやってみたいことや想いを否定しないこと。まずは、相手の夢や目標をしっかりと聞いた上で、具体的な実現方法を検討して、実現の可能性を探っていこう！

ギンさんのアドバイスコーナー

人生の価値は、
誰かの為に生きてこそ決まる。

STEP 0
STEP 1
STEP 2
STEP 3
STEP 4
STEP 5

STEP 1

03 気づいたことを掘り下げて

 今回は、早速「WORK!」だよ。

 え！ また「WORK!」ですか⁉ やってみたいことがわかったし、早速、ワインの製造会議をしたら良いんじゃないですか？

 今回は、モッティが「なぜ」ワインを作りたいのかを考えよう。同じ実践にしても、事業の目的を考えることは大切だよ。今回も実践していけば、普段のコミュニケーションでも使えるし、自分で考えるクセが身につくんだ！

 ということは、成長に……早くやりましょう！

 なんて、単純……！

WORK!

「なぜ?」で本質を考える習慣を身につけよう

　モッティは、「なんでワインを作りたいのか」ということを今回も紙に書いて掘り下げていくよ。

　みんなは、挑戦してみたいことを想像しながら実践してね！ 自分だけでなく、可能なら複数人でも実践してみよう。殴り書きでも大丈夫！ 頭の中から出すことが大切だよ。

なぜ? なぜ? なぜ? で掘り下げて本質に気づこう

WORK | 「なぜ?」で自分の気持ちを知る

「　　　　　　　　　　　　　　　　　　　　　　　」したい

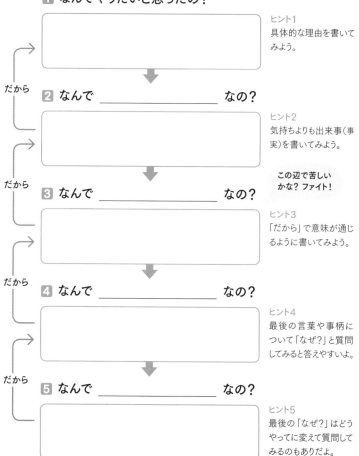

1 なんでやりたいと思ったの?

ヒント1
具体的な理由を書いて
みよう。

だから

2 なんで　　　　　　　　なの?

ヒント2
気持ちよりも出来事(事
実)を書いてみよう。

**この辺で苦しい
かな? ファイト!**

だから

3 なんで　　　　　　　　なの?

ヒント3
「だから」で意味が通じ
るように書いてみよう。

だから

4 なんで　　　　　　　　なの?

ヒント4
最後の言葉や事柄に
ついて「なぜ?」と質問
してみると答えやすいよ。

だから

5 なんで　　　　　　　　なの?

ヒント5
最後の「なぜ?」はどう
やってに変えて質問して
みるのもありだよ。

STEP 0

STEP 1

STEP 2

STEP 3

STEP 4

STEP 5

モッティのスパークリング「なんで?」

 新規事業でスパークリングワインを販売したい

1 なんでやりたいと思ったの?

・妻との旅行先のホテルで提供されたスパークリングワインがおいしかったから。

だから

2 なんで、その理由だけで作りたいと思ったの?

・会社では、スパークリングワインを生産していない。

だから

3 なんで、スパークリングワインを生産してないから作りたいのか?

・新規顧客開拓の活動も同業種が多く、他の業種の顧客へのアプローチができていないから、スパークリングワインでホテルやレストラン、デパートなどにも提案していきたい。

だから

4 なんで、他業種への営業活動をしたいの?

・村の外からも利用のあるホテルなどで自社のワインを利用してもらうことで、自社とペンギン村のアピールを行ないたい。
・現在のエンドユーザーは男性が多いので、女性も増やしていきたい。

だから

5 なんで、ペンギン村のアピールも行ないたいの?

・資源も豊富で住みよい村だけど、観光名所とは少し遠い存在となっている。ペンギン村の資源とコラボした商品をつくることで、自社だけでなく少しでも村を元気にして盛り上げていきたい。

お疲れ様！　今回は５回の「なんで？」だったけど、回数が増やせそうな場合は、もっともっとしてほしいんだ。この５回の「なんで？」のおかげで、モッティがスパークリングワインを開発して色んな人に届けることで、ペンギン村を盛り上げていきたい目標を持っていることがわかるよね！

　ただ単純にスパークリングワインを作るよりも、自分の深い想いに気づくことができれば、ストーリーもあるし、自分のモチベーションにも繋がるよ。

　あ！　相手に「なんで？」と聞くときは、尋問のように感じられてしまうことがあるから配慮してね。モッティはそういった経験はないかな？

たしかに、仕事で失敗して上司へ理由を伝える度に「なんで？」「なんで？」って聞かれると、へこんじゃいます……。

そうだよね。だから、聞き方や聞くテーマを明確にしておくことはとても大切だよ。「なぜ？」と考える習慣は次ページを参照してみて。考える力を鍛えたり、原因分析にも効果的だよ。

　日常から「この商品、なんでヒットしているんだろう？」と考えたり、分からないことは調べる習慣を身につけていると「考える力」だけでなく、多くの情報が重なって知恵となるから是非、習慣にしてみてね。

　仕事でも、起こった出来事に対して「なぜ？」と考えることは原因分析にも繋がるからしっかりと活かしていこう。

STEP 1

04 イチゴ生産者を発見！

ペンギン村を活気づけたい想いがあるなら、ペンギン村の資源とコラボすることを考えても良いと思うんだけど、どうかな？

たしかにそうですね。流通もしやすいし、村のアピールにも繋がりますね。

自分が挑戦したいことと、実際にやろうとしていることに一貫性がないとブレが生じて問題が発生することが多いから注意していこう。

わかりました。早速、コラボが検討できそうな資源を考えないといけませんね。何気なく暮らしているから、資源は好物の魚以外であまり知らなかったかも……。

まずは、ペンギン村についてもう少し詳しく知ってみよう。調べる中で、ペンギン村の強い特産物や最近、流行っている物にきっと気が付けるからね。

じゃあ、まずは近くにある酒屋さんや農家さんの元にアドバイスをもらってきますね!!

あぁっと！　地元の声を聞くのもいいけど、時間がかかることもあるし、役所にも行ってみよう。

まずは色んな方法で調査を行ってみよう

STEP 0
STEP 1
STEP 2
STEP 3
STEP 4
STEP 5

 役所でもわかるもんですか??

 地域によって違いはあるけど、産業振興部といった専門の部署で探してみたり、インターネットでも、各都道府県が紹介する企業や今まで知らなかった魅力に気づけるはずだよ。地元のフリーペーパーや新聞でも情報収集は可能だし、道の駅では、生産者が見える仕組みの売り場を作っている店舗も多いから、見学に行ってみてね。

　最近では、モッティのように地元や地域で強みを活かしたり、課題解決をするために、新規事業やビジネスをしたいという人は増えているから役所の情報を有効活用する人も多いんだ。

 僕らの事業も、村を盛り上げる仕事になるかもしれませんね♪　わかりました!!　行ってみます！

新しい発見の後は、行動あるのみ！

 師匠！　イチゴです！　イチゴですよ！

 そんなに興奮してどうした？

 ペンギン村の特産物です!!　説明しますね!!

　数年前、僕と同じようにペンギン村へUターンして生産を開始したイチゴが人気になっているんです！　しかも、イチゴの品種も多くて、ハウスが増えていることから、ペンギン村だけでなく、村外での流通も盛んになってきているんです！　YouTubeでイチゴの生産について調べましたが、あれはかなり手間がかかってますよ!!　おまけに、オリジナルブランドまで出来上がっています！

　イチゴのワインは当社では作っていないですし、スパークリングにすれば、女性向けの良い商品になると思うんです。

 フムフム……Uターンでイチゴの生産かあ。ちょっと、話を聞きにいってみるか。

 へ？　話？　まだ早いんじゃ……

 まさか、ネットや役所で調べたことを鵜呑みにして企画を出そうなんて話はないよね??（ニヤリ）

 あ……当たり前ですよ。やだなあ、ギンさん。

 もしかしたら、今のモッティと似た環境もあるかもしれないよ。

わかりました！　危うく言い訳しそうでしたね。行ってみましょう！　すぐにアポイントをとってみます！

モッティのように、自分で調査して、納得した上で説明する習慣がつくと、自信がついてくるよ。

　この「自信」は、他人やビジネスをプロデュースするだけでなく、自分をプロデュースできることにも役立っているんだ。自信がついたら次は「行動」すること。課題を見つけて解決するためには、行動が必要だよね。「失敗をしたくない」という理由から、入念に準備した後に行動することがよくあるけど、時間は有限だから、行動しながら質を高めて結果を出すように取り組んでみよう！

　行動の分だけ、より自信がついて成果も出るはずだよ！

STEP 0

STEP 1

STEP 2

STEP 3

STEP 4

STEP 5

ギンさんのアドバイスコーナー

考えながら、動き続けよう！

STEP 1

05 地域で頑張る生産者の想い

 このイチゴ、おいしいですね!!

甘味だけでなく、適度に酸味も感じることができて、しっかりとした「イチゴ」を食べている感覚ですね。しかも、大きいイチゴなのに形が大きく崩れていない。

 そうなんです。イチゴの甘さは、土や肥料、水質や光量、ミツバチを活用した受粉など、細かいケアが必要で、けっこうデリケートなフルーツなんです。

 （YouTubeで事前に調べてたから頭に入ってくるぞ♪）
　私の会社もペンギン村の水を使ってお酒を造っていますので気持ちがわかりますよ！　メーさんは、なんで、Uターンしてまでペンギン村でイチゴを作ろうと思ったんですか？

それはですね……。

　ここでは、メーさんがイチゴ農家になるまでのストーリーを書いています。新しいことを始めるきっかけは、小さな疑問や出来事が多いですよ。楽しく、参考に読んでみてくださいね。

メーさんの創業体験記

STEP 0

STEP 1

STEP 2

STEP 3

STEP 4

STEP 5

　私の実家は水菜の農家で、農家を継いでほしいという親の希望がありましたが、学校を卒業後、私は村を出て、大好きなケーキでパティシエに進みました。

　その職場で働いているとき、「イチゴ、おいしい！　どこで作っているの？」という問い合わせが多かったし、ケーキ作りで私も、そのイチゴが大好きだったので、将来は自分が作ったイチゴでケーキを食べてもらいたいなあと感じていました。

　そこで、ただ想像するだけではもったいないので、実際に栽培してみました。栽培方法はインターネットで見れるし、自分が食べる分にはお金もかからない。とにかく小さくても良いから実践してみようと思って行動したんです！

　ただ、私が作ったイチゴは、ケーキ屋で仕入れるものとは形も甘さ、酸味も大きく違うものでした……。

　それでも実現したかった私は、悔しくて目標としていたイチゴの生産者さんへ相談へ行きました。すると、欠点もわかったし、より力を入れたくなったので、パティシエをしながら、有名な生産者さんの元で副業のアルバイトをしていました。

そして、ようやく、ノウハウも覚えて、自分のイチゴを多くの人に届けれるなと思ったときに、ある決意をします。

地元のペンギン村で育てやすい気候や水を気に入ったので、農家をしていた両親を説得して、ハウスを一部分けてもらい、イチゴ農園を始めたんです。

ペンギン村でやろうと思ったのは、育てやすい気候であることはもちろんですが、「水がきれい・村にイチゴ農園が少ない・ケーキ屋に自分が作ったイチゴを使ってもらい消費者に喜ばせたい」という地域の特性や自分の経験を活かすことができると感じたからです。

最近は、イチゴだけでなく、時にはイベントでスイーツをお客さんに喜んでもらえるように頑張っていますよ。

私のように、何気ないことからやってみたいことを見つけて、地元や地域で仕事する人は増えてきているんじゃないですか？

周りでも若い人が農家を継いだり、土地を借りて始める方もいらっしゃいますよ。農家といえば、周りで畑の土地が結構あまっていますので安く畑を貸してくれる場所も多いですよね！

私は、たまたま、ペンギン村の気候や水、地元の畑を掛け合わせた事業でしたけど、もっといろいろな種類があると思います！

STEP 0

STEP 1

STEP 2

STEP 3

STEP 4

STEP 5

 地域の課題を活かすことができれば、まだまだビジネスチャンスもあるってことですね！

　私も縁あってUターンです。今、地元の資源を活用したお酒造りを考えています。もし、私がイチゴのスパークリングワインを作る企画を実現できた場合、メーさんのイチゴを提供していただけないでしょうか？

もちろん可能ですよ。ワインのために果汁でのご提供となる場合、専用の取引先がありますので、そこからの仕入れをお願いします。原料でよろしければ、直接、ご提供させてください。頑張ってくださいね！　もし、スパークリングワインができたら私の作ったイチゴとケーキでお祝いしましょう。生産量もパワーアップできる方法を考えないといけませんね♪

はい！　ありがとうございます！

ギンさんのアドバイスコーナー

社会貢献は、
社会を知ることから始まる。

STEP 1
06

プレゼンで大切なのは
相手目線

おいしい原料にも出会えたし、メーさん（イチゴ生産者）の想いも知れたから良かったね。

はい！　なんだか、燃えてきました！　おいしいスパークリングワインを作ることができると思います!!
これからシロクマ社長へ提案です!!

えええ⁉　まだ早いって！　まだ、原料の候補だけでしょ！
どんなお客さんがワインを飲んで喜んでくれるとか、どんな方法で販売するとかを考えていかないとね。

大丈夫ですって！　こんなにおいしい原料なら社長もOKですよ！

だってまだコンセプトとかも決めてない……!!
は?!　いない!!　あぁ、行っちゃった。

STEP
0

STEP
1

STEP
2

STEP
3

STEP
4

STEP
5

▶ 社長室

 社長!! 失礼します!! 任せていただいている企画が決まりました!! こちらが企画案です！

 おお！ そうか！ ぜひ、聞かせてくれ。

 ひと言でいうと、「地元資源を活用したスパークリングワインの開発」です。

 地元資源か。どんな資源だ？

 ここ最近、知名度を上げているメーさんの「イチゴ」です。イチゴのおいしさはもちろん、ペンギン村でのイチゴ生産に対する社長の想いも確かなものを感じました！

 ふむふむ……良い生産者に出会えたんだな。スパークリングワインは、当社も取り組んだことはないし、チャレンジしてみる余地もある。ただ……。

 ただ、なんでしょう？

 このワインは従来のようにペンギン商会に依頼してスーパーマーケットや飲食店で消費者へ販売で良いのか？ どんな人に喜んでもらえるかなど、ニーズを深く追求したのか？

うっ……。

今は、よほど良いものを作らないと他の商品と差別化はできない。

そういえば、この企画のコンセプトはなんだ？　今、モッティが提示したのは「地元資源を活用したスパークリングワインの開発」というメーカーの一方的な目線ではないのか？

それをたまたま、当社では商品化したことがないし、メーさんの「イチゴ」はおいしいし、着目されるから大丈夫‼　なんて考えではないよな？

うううっ‼

机上の空論ではなく、実際に生産者の声や原料の特性を聞いたのは良かった。地元だから連携も取りやすいし、商品化してからのメディアの周知や村のお土産としての商品化になることを視野に入れられることも良かった。

良い調査・企画をしてくれたんだからもう一回、顧客目線に立って練り直してこい。この企画が実施できる時は、まず、1,000本程度で販売を計画し、波にのれたら増産まで考えていこう。

どうだ？

練り直します‼!

よし‼　よろしく頼むよ‼

STEP
0

STEP
1

STEP
2

STEP
3

STEP
4

STEP
5

 どうだった？　と、聞くまでもないか（笑）。

 笑わないでくださいよ。完全にノックアウトです。

 企画そのものを反対されたか？

 いえ。顧客ニーズや販路、コンセプトを詰めるようにとボコボコに言われました。良い商品になると思うから売れると思ったんだけどなあ〜〜。

 それは社長の言う通りだよ。こちらが良い商品だと思っても、相手が良い商品と思うとは限らない。気遣いやプレゼントだってそうだろ？

 プレゼントはもらってから嬉しいケースが多いですよ。

 それは、友人や奥さんからだろ。僕たちはお客さんにそれをやろうとしてるんだから。
　次は、ビジネスモデルについて考えていこうか。

ギンさんのアドバイスコーナー

 相手の目線に立つことが、
成果を作る第一歩。

STEP 1 のおさらい

★**セルフイメージを持ってなりたい自分を発見しよう**

・思考が変われば結果が変わる。

★**サクセスボックスで自分を発見しよう**

・自分の想像していることを書き出して「見える化」することで考えている以上に気づける。

★**自問自答を繰り返し、本質を発見しよう**

・考える力を鍛えるだけでなく、原因分析に効果的。

★**行動した分だけ自信がつく。気づきや疑問を発見しよう**

・時間は有限。やりたいことで迷う時間があったら行動していこう。

★**小さなことから行動してステップアップしていこう**

・いきなり「事業」と考えなくて大丈夫。まずはできることから取り組んで、小さな成功体験を積み重ねていこう。

はじめてのプロデュース思考

STEP 0
STEP 1
STEP 2
STEP 3
STEP 4
STEP 5

STEP
2

作戦を練る。

発見した課題を
ビジネスモデルで検討しよう

ビジネスモデルといわれても
何から手をつけていいのか
さっぱりです!

大丈夫! STEP2では、
事業の軸となるビジネスモデル
を MVV で考えて、顧客ニーズや
販路を4P で考えていくよ

MVVで ビジネスモデルの軸を 決める
↓
4Pで・コンセプト
・価格
・販売場所
・広告

やることがたくさん…
僕にちゃんと
できるでしょうか…

ひとつずつ
ていねいに考えて
いこう!

ここでモッティは
スパークリングワインの
新規事業プロデュースに
挑戦するけど

モッティと一緒に
スパークリングワイン
をビジネスとして
実現できるよう
作戦を練っていこう!

みなさんの仕事や生活に
きっと役立つはず

STEP 2
01 挑戦したいことを MVV で考えてみよう

STEP 0
STEP 1
STEP 2
STEP 3
STEP 4
STEP 5

 さて！ シロクマ社長からたくさんの喝を食らったことですし、事業として考えられるように戦略を立てていきましょう！

 なかなか立ち直りが早いね！ 前回は、気づきを深堀りできたから、今回は事業の軸となる MVV を考えよう。

 MVV？「モッティ・ベリー・ヴィクトリー」ですか？

 なんてこった……。かみ砕いてこんな感じでどうかな？

> Ⓜ：Mission …… **果たすべき使命・存在意義**
> Ⓥ：Vision …… **実現したい状況・未来**
> Ⓥ：Value …… **チーム共通の価値観・行動指針**

 難しそうですね。もう少し詳しく教えてくださいよ〜。

 よーし！ 次のページから MVV を学んで、仕事や日常生活にも役立ててみよう。

 ほんとに理解できるかな……。

 イラストを多く使うから大丈夫！ 「WORK!」もあるよ！

MVV で行動指針をつくろう!

まず「Mission（ミッション）」は果たすべき使命だから大きな目標だよ。モッティの想いだと「ペンギン村を盛り上げたい」や「地域の役に立ちたい」ということ。

　次に「Vision（ビジョン）」は実現したい状況だから「スパークリングワインでお客さんに喜んでもらうこと」。

　「Value（バリュー）」はチーム共通の価値観だから「お酒を通じてお客さんを幸せにしたい」といったように、仕事を通じてお客さんへ伝えたい想いみたいなものかな。

　あ!　そうだ。イラストにするとこんな感じだよ。

　理想の状況は「ミッションの木をバリューの水で育てた結果、ビジョンの実で幸せな状態になっていること」だよ。

STEP
0

STEP
1

STEP
2

STEP
3

STEP
4

STEP
5

この状況を作るためにはまず「ミッションの木」が必要なんだ。今回は、ワインを作ってお客さんへ届けるだけでなく「ペンギン村を盛り上げたい」など、大きな使命や役割も担っている。そのために、ミッションの木はバリューの水（目標のための行動指針）で成長して、たくさんの実を結ぶことができるんだ。

逆に、ちゃんとした水やりや肥料があげられないと木は枯れてしまうし、立派な木でなければ、幸せな気分になるビジョンの実は届けられない。ビジョンの実が届けられないと……幸せな気持ちになれないという結果になってしまう。

だから、このMVVがうまく回らないと作戦を考えても機能しないことが多いので、次ページからしっかり考えていこう。

MVVを作ってみよう！

●普段取り組んでいる仕事やこれから挑戦したいと思っていることを書いてみてね。日常生活でも大丈夫。
●今回は、「家に帰りたくなる家庭」というMVV（P068）も作ってみたから参考にしてみてね。
●補足だけど、人間は短期記憶に残せるフレーズが3つ程度だから、重要順位3位以内で考えてみよう。

仲良く暮らしたいな

WORK | MVVを作ってみよう

Mission	どんなことを目指したい？

ミッションの木

ヒント ▶ サクセスボックス（P034）を見て自分以外のことも気にしながら書いてみよう。

Vision	どんな状況を作りたい？

ビジョンの実

ヒント ▶ 実（商品やサービス）を得ることでどんな状況になっているか考えてみよう。

Value	どのような価値観を持って行動する？

バリューの水

ヒント ▶ 自分が大切にしたい意識を書いてみよう。

■ Mission

まずは、ミッション。ミッションは、使命や存在意義のことだよ。STEP 1 でやった深堀りの作業（P039）を元に、今回の挑戦で、どんなことを目指したいかな？

これは少し大きな夢でも大丈夫。

というより、それくらいの想いを言葉にして実行するくらいの方が良いんだ。

Mission：どんなことを目指したい？

1. 地域の資源を活用してペンギン村を話題の地域にする
2. 自分たちの商品で人生の一部に感動を提供できるようにする
3. 地域資源で出来たお酒を村から全国へ、全国から世界へ届ける

大きな目標だね。さっきも伝えたけど、多少大きな目標でも大丈夫！ 今回は、地域資源のイチゴで新しい商品を作ることも考えているから、ペンペン醸造が村外でアピールするチャンスでもあるし、それをきっかけにペンギン村を知ってもらうことができる可能性もあるからね！

■ Vision

 ビジョンはバリューを通じてできた理想の結果だよ。

　今回、スパークリングワイン（Vision の実）を提供することで
どんな状況を作りたいかな？

Vision：どんな状況を作りたい？

1. ワインを手にした人が幸せな気分になる
2. ワインをきっかけにペンギン村を訪ねる人が増える
3. 生産者も儲かって新しいビジネスを実現する

　商品を手にしたお客さんだけじゃなく、生産者や他の関係者に
も良い影響を与えたいってことだね。最後は Value だよ。

■ Value

 バリューはチームの価値観だよ。

　使命に取り組んで理想の結果を出すためには、どのような価値観を持って行動すべきかを考えるんだ。

　ここは、セルフイメージ（P028）と同様に、考え方や志で結果が変わってくるよ！

Value：どのような価値観を持って行動する？

1. 関わった人すべてに潤いがあるように取り組む
2. 生産者の想いを知って届ける
3. お客さんファーストで行動する

こんな意識で
ワインを作って
提供したいです！

　どれも大切だし、この想いでワインが作れたら、良い商品が作れて喜んでいただけそうだね。

STEP 0
STEP 1
STEP 2
STEP 3
STEP 4
STEP 5

まとめてみると……。MVV ができあがったね！

> ペンギン村を盛り上げたいな

> 地域の役に立ちたいな

> みんなを幸せにしたいな

\HAPPY/

良い循環ができれば、たくさんの人に喜んでもらえそうだし、どれかが欠けると悪い循環になるから意識して取り組んでいこう。

そういえば……Mission・Vision・Value って重要な順番ってあるんですか？

企業によって Mission・Vision・Value のどれを重視しているかが違うんだ。目指していることを見えやすくすることで目標を達成するための手助けでもあるからね！
　色々な企業の経営理念や考えをインターネットで調べてみると参考になるから、作るときに立ち止まったら、検索もしてみよう。

モッティは3つのうち、何を一番大切にしたい？

 僕たちは今回、Visionを1番に大切にして、事業を組みたてたいと思います。

今回の事業はお客さんだけでなく、ペンギン村の関係者を元気にする可能性がありますからね！

しっかりとした方針が決まったね。

モッティのMVV

大切にしたい順番

Vision

Mission

Value

 大切にしたい順番は みんなで考えてOK メンバーで事業の 意識や意義を共有しよう

ギンさんのアドバイスコーナー

 # あらゆる行動には、目的・理由がある。

STEP 2

02 日常生活でも使えるMVV

 けっこう頑張って考えましたけど、MVVってどうしても必要なことなんですか？

んんん!?　なんだって!?

 MVVはたしかにまとまりましたけど、こんな大層なことを考えなくても事業はうまくいくんじゃないですか？　チームならまだしも、1人で行う事業の場合にも必要なんですか？

 これは目標達成のツールだし、問題が起こったときに、事業に対する想いを確認するためにも役立つんだ。だから、事業の軸と言っても良いと思っている。

事業の軸……何かの判断基準ですか……。

そうだよ。今回は、日常生活でMVVを活用した場合をモッティの家庭で見てみよう。

 えぇぇ！　僕ですか？

そうだよ。日常生活でも使えることなら、仕事で応用できるでしょ。実践した結果をまた報告してね。

日常生活でMVV：モッティファミリーの巻

 さっきのMVVをモッティの家庭で考えてみよう。

▶ 報告日

 ちょっと恥ずかしいですが、考えました！

Mission …… **帰りたくなる家を目指す**
Vision …… **いつまでも仲良く暮らす**
Value ……… **思いやりを持って行動する**

これを家の壁に貼って、意識しながら生活してみました‼

▶ 実践

花ちゃん（妻）が帰ってきたときに気持ちが良い状態にしよう

モッティ、
いつも疲れてるのに
家のことを手伝ってくれて
ありがとう

ケーキ
買ってきたよぉ

家ってやっぱり
居心地良いなあ♪

最近思いやりを
持てていただろうか…

STEP 0

STEP 1

STEP 2

STEP 3

STEP 4

STEP 5

今や妻（花ちゃん）だけが家事をする時代じゃないんですよ。だから、僕自身も気持ちのいい部屋作りや洗濯、料理なども手が空いてるときは、思いやりの意識を持って（＝ Value）、頑張ってみました。

すると、そんな僕に感謝の気持ちを持ってくれた妻がお土産を持って帰ってくれたりして、以前より少し会話が増えて仲良くなった気がします（＝ Vision）。

まだ、少しの期間ですけど、早く帰りたくなるような雰囲気作り（＝ Mission）ができていると思います。これが長く続くと良いんですがねぇ。

生活してみた結果、僕は Value を一番の軸に行動したいと思います。やっぱり思いやりの気持ちで行動や雰囲気が変わると思うんですよね。たまにはテレビ番組や魚の取り合いで大ゲンカするんですが、MVV を見て反省しようと思います（笑）。

いきなりすべてを完璧に作る必要はないよ。何度も考える習慣をつけることが大事だからね。

みんなも自分に置き換えて、MVV を書き出してみよう。

ギンさんのアドバイスコーナー

何かをはじめるのに、遅すぎるということはない。

STEP 2

03 4Pで考える商品戦略

これから、ビジョンの実（P059）である「スパークリングワイン」を「4P」で考えるんだけど「4P」を知ってるかい？

もちろん！　聞いたことくらいはありますよ！　プライス、プリン、パイナップル、パピコ……でしたっけ？

はぁぁぁ……1個しかあってないぞ！　しかも食べ物ばっかりじゃないか！

　4Pは、Product（製品）、Price（価格）、Place（販売場所・方法）、Promotion（販売促進）の頭文字である「P」を取った言葉で、お客さんへ働きかけるために必要な施策を考えるためのツールだよ。

それって全部考えないといけないんですか？　商品を決めたら気合で営業すればいいんじゃないでしょうか？

　4Pは個別に考えるのではなく、それぞれの整合性をお客さん目線で考えることが重要なんだ。じゃあ、さっそく次ページから4Pについてしっかり学んでいこう。

STEP 0
STEP 1
STEP 2
STEP 3
STEP 4
STEP 5

Product
（製品）

- どんなニーズがあるかな？
- どんなメリットがあるかな？
- ライバルに負けない
  チャームポイントはあるかな？

Price
（価格）

- 購入してもらえる価格かな？
- 商品の価値に合ってるかな？
- 適正な利益は出るかな？

Place
（販売場所・方法）

- どんな場所でどうやって売る？
- インターネットかな？
- お客さんの手に
  届きやすい方法はあるかな？

Promotion
（販売促進）

- ライバルはどうやって
  アピールしてるのかな？
- もっと商品を知ってほしいな!!

STEP 2
04 販売する製品（Product）を検討しよう

　今回は４Pの内、販売する製品（Product）について考えていこう。

　Visionの実がウズウズしてるんで、はっきり言いますけど、それはもうスパークリングワインですよ！　おいしいですし、ヒット間違いなしです！

　ワインの「おいしさ」は当然大切！　ただ、スパークリングワインは色々な場所で販売されていて、手に入りやすいよね。

　じゃあ、超高級ワインにしましょう！　そしたらなかなか手に入りません！

　それはまた、極端だよ。そのために今回は、お客さんの立場に立った商品を検討していこう！　みんなも、自分の会社で取り扱っている商品や新しく始めようとしているアイデアを想像しながら取り組んでみてね。

商品アイデアを整理して深めよう

STEP
0

STEP
1

STEP
2

STEP
3

STEP
4

STEP
5

 作りたい製品は分かった。まずは、誰になんのために届けたいのかなど、たくさんのアイデアを考えていこう。

 え……ギンさんだから、うまくいく商品開発や売れる方法をスルっと簡単に考えられるんじゃないですか？

 回数をこなせば傾向がつかめることもあるけど、アイデアを出して深めることは今でも大変だよ。近道がないから何度も考えたり、作り直すことで良いものが出来上がるからね。
　今回は、「6W3Hの9マスシート」を使って商品そのものだけでなく、関係してくることを考えて整理していこう。

 5W1Hなら聞いたことありますけど……。

 安心して。ヒントも作っているから大丈夫だよ。

6W3Hの9マスシートを作成しよう

●次ページに9マスシートの質問表を用意しているから挑戦したいことについてアイデアや考えをまとめてみよう。
●仕事でなく、プライベートで頑張っていることでも大丈夫。
●アイデアを豊富にするために何人かで行うこともオススメだよ。
P077にあるシートのメモ欄はしっかり利用してね。

 じゃあ、さっそく社内メンバーを集めていこう！

■ 6W3Hの9マスシート

Why
なぜしたいの？

・実施することでどうなりたい？（自分・会社・社会）
・なんでこの事業なの？（STEP1でも考えたよ）

Whom
誰のため？

・誰に利用してもらいたい？（たくさん書こう）
・どんなニーズ（悩み・課題）がある人が良い？

When
いつ？

・商品の利用時期はいつがオススメ？
・いつ実現する？

How to
どうやって？

・どうやって届ける？
・どうやって仕入れる？
・どうやって広める？（STEP4・5にもあり）
・どうやって作る？

What
何をする？

★今回、どんなことをする？

Where
どこで？（STEP2-06）

・どこで購入できる？（STEP2-06）
・どこで商品を利用する？
・どこで作る？

How many
どのくらい？

・どのくらい販売する？
・将来的な目標もある？

How much
いくら？（STEP2-05）

・いくらで販売する？
・いくらで仕入れる？
・いくらの利益を目指す？

Who
誰が？

・誰が販売？
・関係者は誰？

シートの中の質問は例だからオリジナルで考えたものを活用してみてね

書き込みOKだよ。

WORK | 6W3Hの9マスシート

Why なぜしたいの?	Whom 誰のため?	When いつ?
How to どうやって?	**What** 何をする?	**Where** どこで?
How many どのくらい?	**How much** いくら?	**Who** 誰が?

STEP 0

STEP 1

STEP 2

STEP 3

STEP 4

STEP 5

 次のページからはモッティの企画で実践していくよ。

今日は、新商品として企画しています「イチゴを使ったスパークリングワイン」の社内試飲と企画アイデアを深めるために集まっていただきました。

 このワイン、たしかにおいしいけど、誰に販売したいの？
あと、なんでイチゴなの？

ギ、ギ、ギンさん！　まとめきれません！

まず、みなさんのアイデアや疑問をこちらのボードにあげていきましょう。

その後に、次のページにあります９マスシートにまとめた上で、アイデアを深めたり、考えることを明確にしていきましょう。

かなり集まったね。まとめるとこんな感じかな。次のページで確認していこう。

イチゴを使ったスパークリングワインの6W3H

Why
なぜしたいの？

- ペンペン醸造の今後の発展
- ペンギン村の資源を活用した商品であることから、特産品にすることで来村客を増加させ、村を元気にしたい

Whom
誰のため？

- 恋の縁起がほしい人
- カップルの良い雰囲気を出したい人
- 日頃頑張っている人
- ペンギン村で働く人たち
- ペンペン醸造
- 自分
- 家族

When
いつ？

- 特段特定なし
- 季節イベント等は実施

How to
どうやって売る？
どうやって作る？

- 代理店での販売
- ネット販売
- 社内店舗販売
- メーさんから安定供給されるイチゴを活用

What
何をする？

- イチゴのスパークリングワインの製造と販売

Where
どこで売る？

- ホテル
- 小売店
- インターネット
- レストラン
- その他

How many
どのくらい？

- 1000本！ 次のSTEPは10000本!!

How much
いくら？

- 1000〜4000円

Who
誰が？

- ペンペン醸造（チームリーダー：モッティ）
- イチゴ農家のメーさん
- 販売代理店

STEP 0
STEP 1
STEP 2
STEP 3
STEP 4
STEP 5

よし！　ここからコンセプトを考えると良いですね！

これをコンセプトにするのは少し早いよ。まとめた項目一つ一つの背景を考えたり、整理しなきゃ。

　例えば、Whom（誰のため）の欄に「日頃頑張っている人」と書いてあるけど、見込み客は何を頑張っているのか、どんなシーンや用途なら満足してもらえるなどを考えていこう。

アイデアの分だけ考えるということですか。商品やそのコンセプトってササっと決まるものだと思っていたので大変ですね。

その通り。けど、お客さんを軸に考えたり調べたりすることで商品だけでなくチームの考える力にも磨きがかかるんだ。

そういえば今回は、チームがどんなワインを開発したいかということよりもお客さんがどのように使ってくれるかなど、お客さんを軸にしたアイデアが多かったです。

それは良いことだね。世の中にあまり出回っていないお客さんのニーズのある商品は別として、自分たち主体で作った商品は一方的な販売で終わってしまうこともあるから注意しよう。

　それに、せっかく事業を行うなら多くの顧客に届けたいから次ページの図のように事業の影響範囲を広くしていこう。お客さんだけでなく、生産者や販売をしてくれる事業者の満足度を高められるとペンギン村も活気づくよ！

商品の影響範囲を広げよう

STEP 0

STEP 1

STEP 2

STEP 3

STEP 4

STEP 5

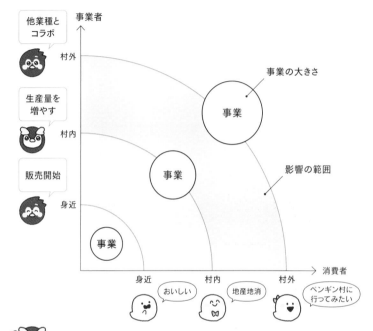

こんな感じに大きくできたら良いですけど、かなり大変なんじゃないですか？

これには商品の差別化が不可欠だよ。最近は技術が発達していて模倣品はたくさん市場に出回っているからね。

差別化には商品内容だけでなく、今回学んだような商品のイメージや背景をお客さんが共感できることやストーリー（P146）が効果的なんだ。共感が生まれると商品だけでなく想いも届くからね。次ページではお客さんへ想いが届くようにコンセプトをまとめてみよう。

アイデアを元にコンセプトをまとめてみよう

STEP
2

作戦を練る。

出てきたアイデアを選別したり、付け加えたりすることでコンセプトをまとめていこう。まとめるときやアイデアは1つではなく、2〜3個は出していこう。

後でアンケートを取るケースもあるし、1つだけだと提出や相談された際、比較やコメントができないからね。

アイデアをまとめてみました！

■ コンセプト1：商品名「しあわせのいちご」

幸せになってもらいたい3つを届けます。

ペンペン神社で恋愛成就祈願

大切に想う気持ち

完熟イチゴ100%

1.完熟イチゴで高級感

ペンギン村で人気の甘くておいしい「メーさんのイチゴ」を100%使ったスパークリングワインでシュワっとおいしく、高級感を演出します。

STEP
0

STEP
1

STEP
2

STEP
3

STEP
4

STEP
5

2.大切に想う気持ち

大切に育てられたイチゴがワインとなり、一緒に飲む人に対して大切に想っていることを伝えるお手伝いをします。

3.恋愛成就の願い

縁結びのご利益がある恋愛成就のペンペン神社で祈願してもらった恋愛運タップリのワインで恋愛成就となる願いを届けます。

■ コンセプト2：商品名「いとおしいちご」

「いとおしい」には「愛おしい・かわいい・大切に思うこと・大事にする・たまらなくかわいい」などの意味があり、3者に対して大切な想いを伝えます。

1.飲んでもらいたい人（大切な人）

完熟で甘くておいしいイチゴを使ったワインで大切な人と過ごす時間を良い雰囲気にするお手伝い。

2.自分

日頃の頑張りに高級感あるワインでご褒美を。

3.生産者

ワインに使われている「イチゴ」はペンギン村でメーさんが生産しています。イチゴだけでなく、生産に携わったすべての方に感謝を届けます。

しっかり考えてくれたね！　両方とも想いがこもったアイデアだし、伝えたいこともわかった。あとは社内でコンセプトを確定してシロクマ社長に提案しよう。

次は、価格について考えていかなきゃね！

Product（製品）

・完熟イチゴ100％
・大切に想う気持ちを伝える
・恋愛のご利益
・スパークリングで高級感を演出
・地元の生産者と協力：
　携わる人・消費する人みんなを
　幸せにする

チャーム
ポイント
発見!!

デートや結婚式にぴったり。
結婚記念日のお祝いや
プレゼントにもぴったりだね。
かわいいから、女子会にもいいね！

番外編（日本酒バージョン）

　これは、ワインについて考えながら出たアイデアですが、ペンペン神社の敷地内には、おいしい湧き水がでていて、恋愛とおいしい湧き水でパワースポットとみられています。パワースポットに行きたくても行けれない人やお土産として活用するために、その湧き水で作られた日本酒をペンペン醸造が作って、ペンギン村のアピールを後押しなんていかがでしょうか？

ギンさんのアドバイスコーナー

根底にある想いを、言葉にしよう。
それがみんなにとって、
立ち戻れる場所になる。

STEP 0

STEP 1

STEP 2

STEP 3

STEP 4

STEP 5

STEP 2

05 販売価格(Price)を検討しよう

　　商品名は「しあわせのいちご」に決まりました！　次は価格ですか～。今回は限定1000本だから早く完売したいですし、1500円くらいですかね♪

　　1500円!?　さっき「メーさんが大切に育てたイチゴの話やプレゼントで高級感のあるワインを」って話したのに安すぎるでしょ～。モッティは、原価やコストを把握してるのかな？

　　実はあんまりわかってないです！　売ることに一生懸命ですから！

　　メーさんが頑張って作ってくれたのに、これじゃ、利益がなさすぎて泣いちゃうよ！　今回は、価格（Price）について学んでみよう。

　　会社にも利益を残して、僕のボーナスも上げてもらわなくっちゃですね♪

　　……それは、シロクマ社長と直接お願いします。

費用の把握とポジショニング

まず、モッティが知らなかった原価（直接費）や販売・管理費（間接費）にはこんなものがあるよ。

え!?　こんなに!?

1つの事業でも人件費や光熱費や広告宣伝費など色々含まれているよ。売れた金額から原価やコストを引いたものがペンペン醸造に残る利益だよ。これを元に1500円で販売することを想像するとどうかな？

き……厳しいですね……。

価格を安くすることでお客さん離れを防ぎたいという人は多いから、今回は、販売したいと考えている商品をどの価格帯で販売したら良いか考えてみよう！

じゃん！　ポジショニングマップ〜（テッテレ〜♪）

ポジショニングマップ

中学校で習う数学のグラフみたいですね。

このポジショニングマップは自分の扱う商品の立ち位置や、攻められるポイントを探すことができるんだ。

自社の商品価格だけでなく、他社の商品についても考えることができるからシンプルだけど、便利なツールなんだ♪

STEP 0
STEP 1
STEP 2
STEP 3
STEP 4
STEP 5

自分の関わるポジショニングマップを作ってみよう。

● モッティは次ページでスパークリングワインの「金額」と「用途」を軸にして考えたよ。みんなも縦軸と横軸のテーマを変えて今の自分の課題を解決することや分析ツールとして使ってみてね。

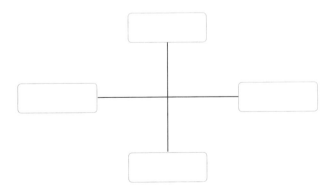

まずは、現状を整理してみよう。

「スパークリングワイン」の現状のポジショニングマップ

①安価で大容量のもの
②輸入もので、手に取りやすい
③プレミアム感のある高級スパークリングワイン

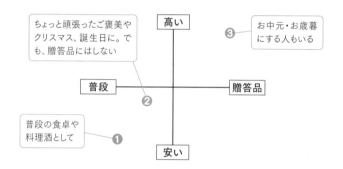

この３つを配置すると上図のような感じだけど、今回作るスパークリングワインは、どの位置にあるかを考えてみよう。

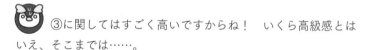

③に関してはすごく高いですからね！　いくら高級感とはいえ、そこまでは……。

お酒をプレゼントとして買うなら、1000円は安すぎて、お客さんは選ばないんじゃないかな。

たしかに、あんまり安いと不安になっちゃいますね……。じゃ、１万円にしましょう！

１万円⁉　10倍じゃないか！　このスパークリングワイン

STEP 0
STEP 1
STEP 2
STEP 3
STEP 4
STEP 5

はとても素敵な物になると思うけど、まだ、誰からも評価されてないからね。

　例えば、「〇△賞をとりました!!」とか、第三者から付加価値がついてきたりしないと価値は上がらないよ。目指すことは良いと思うけど1万円は少し早いんじゃないかな。

 じゃあ、今回、ポジショニングマップののところをねらい目にしたらどうですか？

原価率、市場での位置、お客さんの予算、この製品のブランド力などなどを加味してバランスの良い価格はどこ？

（電卓ぽちぽち……）

「しあわせのいちご」の商品価値の検討

高い ❸

普段 ❷ 贈答品

「しあわせのいちご」

❶

安い

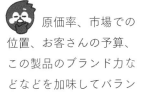

　そうですね。価格は3000〜4000円くらいで考えてみたんですが、少し高級感を出すために、4000円でどうでしょうか？　調べてみたら、4000円程度のスパークリングワインってなかなか高級感も出せそうです♪

原価率を5割で考えたら、最初の1500円のときより2倍以上の費用がかけられるね。

　これなら、メーさんやこの製品に関わる人にも無理のない提案ができそうだ。ただ、たくさんの人に手に取ってもらうための工夫がより、重要になってきたよ！

はい！　4000円より予算のある方には、セット商品やその他のオプションも考えようと思います！

 適正だと思ってつけた値段が心配なときは、テストマーケティングやアンケートを活用して周りに聞いてみよう。

　どの事業でもある話だけど、ある程度ニーズがある価格で販売しないと赤字になっちゃうからね。

 よーーし！　やったりますよーーーー!!

 次は、お客さんに届けるために、Place（販売場所）を考えていこう！

Price（価格）

・製品にかかるコストや利益、
　高級感というコンセプトを加味して、
　1つ4000円
・オプションも検討中

ご褒美やプレゼントには
少し奮発したいから
いつも買うものより少し高くて
見た目もこっているものがいいなー

ギンさんのアドバイスコーナー

 # 仕事は、
周囲の人を幸せにする力がある。

STEP 0
STEP 1
STEP 2
STEP 3
STEP 4
STEP 5

STEP 2

06 販売場所(Place)を検討しよう

　　見込み客が欲しいと思える製品を開発し、自社と見込み客の両方が納得できる価格帯を設定できたとしても、販売場所がなければ売れないのは分かるよね。今回も、お客さんのニーズから考えて流通方法や場所を考えてみよう。

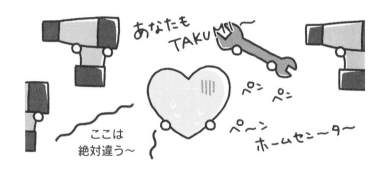

あなたも TAKUMI〜
ペン ペン
ペ〜ン
ホームセンーター〜
ここは絶対違う〜

　　上のイラストのように、電動工具コーナーにスパークリングワインがあっても売れる可能性は低いよね。
　　今回、商品の販売場所は「自分・インターネット・代理販売」の3種類で考えてみよう。

　代理販売って何ですか？

　　代理販売は、飲食店やホテルなど、僕たち以外の人が消費者の方に届けてくれることを指しているよ。
　　ペンペン醸造の商品の販売場所や機会はどこだろう？

それは、自社の中にある店舗です。あと、祭りなどのイベントですね。

インターネットではどうかな？

もちろん、自社のホームページでも直接購入することができますよ！

ほうほう。じゃあ、今回、代理販売ではどこで販売してもらおうか。

ここは気合いが入りますね！　居酒屋、レストラン、ホテル、スーパー、デパート、道の駅、新幹線の駅、空港……。

おぉぉ！　多いな。これは少し絞らなくちゃいかんな。

え！　なぜですか？　たくさんの場所で扱ってもらったら、すぐに完売できるかもしれないじゃないですか。

今回は限定販売だから、限定感を出すためにも場所が多すぎないほうが良いよ。しかも、店舗への営業活動やメンテナンスが多すぎると、社員が足りなくて仕事がパンクしてしまう。

気合いでなんとかなりますよ！

気合いだけじゃ何ともならないでしょ！　効率的にできるように考えていこう！

お客さんのニーズから販売場所を考えよう

STEP 0

STEP 1

STEP 2

STEP 3

STEP 4

STEP 5

代理店が商品を置いてくれるとは限らないけど、今回も、お客さんのニーズを第一に考えながら決めていこう。製品と価格で決めた前提を忘れないようにね！

　まずは、前回までに決めた前提を振りかえってみよう。次ページのような手書きの表や殴り書きでも良いから、みんなもモッティになったつもりで、いろんな店舗を想像してね。

　もし、追加で良い販売場所があれば、ぜひSNSやダイレクトメールで教えてね！

自分たちで準備できそうなことは定めやすいですが、代理販売については、その場所でどんなことが提供できるかを考えないといけませんね。

販路を見える化しよう

●あなたが「取り組んでいる仕事」「やってみたい仕事」などを展開するとしたらどこで展開できるか検討してみよう。

●最初から正解でなくても大丈夫。書ききれない場合は、別の紙に書いてみよう。

●評価は〇・△・×などで3段階にしておくと見直しやすいよ。

WORK │ 販路の検討

大枠	評価	場所	想定用途	懸念事項
リアル				
インターネット				
代理業務				

スパークリングワインの販路

大枠	評価	場所	想定用途	懸念事項
リアル	○	自社の店舗	自分・自宅で飲み会	
	○	イベント	自分・家族	
インターネット	○	ネットショップ	自分・プレゼント	
	○	自社のHP	自分・プレゼント	
	○	クラウドファンディング	自分・応援・プレゼント	
代理業務	○	ホテル	デート・記念日・結婚式	
	×	スーパー	自分・家族	見込みうすい
	○	デパート	自分・プレゼント	
	△	レストラン	デート・記念日・大切な人	
	△	道の駅	自分・家族・土産	価格、用途
	△	新幹線の駅	自分・家族・土産	実現度合
	△	空港	自分・家族・土産	実現度合

STEP 0
STEP 1
STEP 2
STEP 3
STEP 4
STEP 5

こんな感じでどうかな？

　レストランについても、どの価格帯でどんなお客さんが来店されているかは確認する必要があるね。空港や大きな駅は取り扱いに厳しいから知名度を上げてからでないとハードルが高そうだなあ。そのときには、ペンギン村の知名度を上げるための仕掛けも考えていこう。

　ネットショップがない人はまず、BASEやSTORESといった無料ツールから始めることがオススメだよ。今は無料で利用できるツールがたくさんあるからね。

　さて、販売場所を考えた後は何が必要だと思う？

Place(販売場所)

販売場所を考えたので、その場に来てもらって購入してもらうためにはどんなことが必要かを考えないといけませんね。

おおおおお！ 良いこと言うじゃんか！ 次のPromotion(販売促進)で来店してもらうためにどんなことが必要かを学んでいこう！

ということは、プロデューサーに近付けてますね♪ 初回生産の1000本完売、間違いなし♪

調子に乗らない！ 次に進むよ！

ギンさんのアドバイスコーナー

商売は、目の前の人に
感動を与えることから始まる。

STEP 0
STEP 1
STEP 2
STEP 3
STEP 4
STEP 5

STEP 2 07 販売促進(Promotion)は 5つのステップで考えよう

さぁ、販売ルートも確認したことですし、営業活動といきますか!

ちょちょ! 突進営業は効率が悪いから、お客さんがどういう気持ちや行動になると購入してくれるかを学んでからでも遅くないよ。

え⁉ そうなんですか? 良いものであれば、購入してくれるんじゃないですか?

勝手に広まる素晴らしい商品であれば、プロデュースは必要ないと思わない?

たしかにメーさんのイチゴで作られたスパークリングワインは1種類しかないけど、スパークリングワインは世の中にたくさん出ているので注目してもらう必要がありますね。

そう! だから、メーさんのイチゴで作られたワインを選んでもらうために、お客さんが商品に気づいて購入するまでのSTEPをAISAS で学んでいこう。

プロデューサー巻き!

カタチから入るタイプ…。

AISAS？　今回は、もはや何の頭文字かも分かりません……。

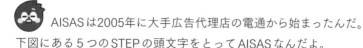 AISASは2005年に大手広告代理店の電通から始まったんだ。下図にある5つのSTEPの頭文字をとってAISASなんだよ。

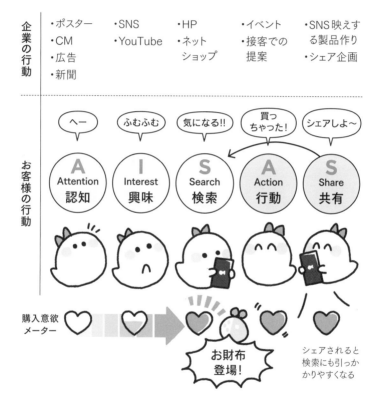

このような流れで、人は商品を購入するときに気持ちと行動が変化していくから、どういった工夫をするか、1つずつ確認しながら行なうことが大切だよ。

STEP 0
STEP 1
STEP 2
STEP 3
STEP 4
STEP 5

AISASを理解してお客さんに届けよう！

じゃあ、早速、考えていきましょう！　どんな広告が良いですかね？

おっと。このAISASは「Share」から順に考えた方が良いんだ。広告を考えるために行動から考えた方が効率が良いからね！

⑤ Share（シェア／共有）

まず、商品を購入・利用したお客さんが起こすアクションが「Share（シェア／共有）」だよ。購入して終わりのケースもあるけど、共有してもらえることで知名度が上がるし、多くの人に

知ってもらうことで売上は大きく変わってくるから、オンラインだけでなく、オフラインのシェアも依頼してみよう！

行動

▶是非、商品の情報をSNSでシェアお願いします♪

カスタマーズの反応

▶夜中にベランダでインスタ映え♪（SNSでシェア）

▶おいしいから飲んでみてって‼　彼女へのプレゼントとしてもオススメだよ！（友人へ紹介）

▶今日は、スパークリングワインを紹介してみたいと思います♪（YouTubeなど）

4 Action （アクション／行動）

次は、行動だよ。購入がなければ、シェアにならないからね。

お客さんが実際に行動に移すから、実店舗でもインターネットでも消費者が購入しようと考えた瞬間に、スムースに決済で

きるような仕組みや状態を作っておくことが重要だよ。

行動

▶ イベント開催！　ワインの試飲はいかがですか～？
▶ デパートやレストランで取り扱い開始。おいしいワインを本日、いかがでしょうか？
▶ ネットショップのリニューアルを行なって魅力あるページにしよう

カスタマーズの反応

▶ んん～！　高級感があっておいしいなあ♪　1本ください♪
▶ 買っちゃった♪　飲むの楽しみ♪

3 Search （サーチ／検索）

商品やサービスに関心を持った見込み顧客にネットで検索してもらうことで自ら興味を深めてもらうよ。

STEP 0

STEP 1

STEP 2

STEP 3

STEP 4

STEP 5

行動

▶ お客さんの興味がありそうな情報をしっかりとリサーチして掲載

▶ イベントや企画の周知

▶ どんなシーンで利用できるのか、どんなメリットがあるのかをしっかりと見える化

カスタマーズの反応

▶100％イチゴを使ったスパークリングワインであのレストランにも使われているだと〜⁉　おいしそう！　飲みたい！

▶これくらいの価格で高級感あるなら買ってみようかなあ。

▶恋愛成就のご利益があるから恋愛運UPかあ！　飲んでみよう。

② Interest（インタレスト／興味）

　広告活動で興味を持ってもらおう。ブログを書いたり、Youtube動画を更新したり、興味がある人が読む情報を用意しておくこと。

おためしイベント

イチオシです。
おためしできます!!

行動

▶ ネット広告であれば、クリックしてもらう専用ページを設置

▶ 魅力的なデザインを作って長く見てもらえる広告を作る

カスタマーズの反応

▶ちょっと気になるなあ。クリックしてみよっと♪

▶メーさんのイチゴの商品かあ。

▶これ、おいしそうだなあ。どこで売ってるんだろう？

1 **Attention**（アテンション／認知）

最後に書いたけど、まずはスパークリングワインについて、「広報活動」で受動的に知ってもらおう。無料でできることとしては、SNSの投稿もあり。

行動

▶ チラシやYouTubeでよく出る5秒間の広告、TV広告、SNS広告で視覚的に訴える
▶ ホームページの最初に表示されているページや広告のタイトル、CMの最初の数秒等を大切に

カスタマーズの反応

▶ ん？　へえ。こんなのやってんだー
▶ ふーん　▶ ほうほう

このAISASでは購入後だけでなく、興味や検索の時点でも共有（シェア）してくれる人もいるから写真や掲載するキーワードはお客さんの反応をイメージしながら発信しよう。もちろん、購入後のお客さんの声はとても効果が高いから、共有してもらえるようお客さんに働きかけることが大切だよ。

ギンさんのアドバイスコーナー

マーケティングの理想は、
お客様が欲しいと言っていただく
状態をつくること。

自分の仕事をAISASにあてはめてみよう！

● みんなは日常や仕事のAISASは、どうだろう？　コミュニケーションで使えることも多いからぜひ置き換えて考えてみてね！

WORK | AISASの具体化

STEP 0

STEP 1

STEP 2

STEP 3

STEP 4

STEP 5

STEP 2

08 4Pをまとめて 見える化してみよう！

 よし！ 「4P」をまとめてみよう。

ビジョンの実の
育成度

 START!

Product（製品）
「高級感」「大切に想う気持ち」
「ご利益がある」

Price（価格）
利益・コスト・高級感というコンセプトを加味して
4000円に決定

Place（販売場所・方法）
「結婚式」「ホテル」「バー」「飲食店」「デパート」など

Promotion（販売促進）
「ポスターやSNSでの広告」
「広告に興味をもってもらいクリック」
「検索でしっかり伝わるホームページ・
ネットショップ作り」─── **AISAS**
「試飲やイベントで購入」
「シェア企画・シェアしやすい商品作り」

 **GOAL!**

 いい作戦
できた！

自分オリジナルの4Pを書いてみよう

● 書き方は自由だけど、自分が考えたことをすぐに思い出せるように書き出してみよう。

● アイデアを付け足したり、ムダを発見した時は減らしても大丈夫。まずは、見える化が大切だよ！

WORK | 4Pの具体化

> **Product** 製品

> **Price** 価格

> **Place** 販売場所・方法

> **Promotion** 販売促進

STEP 0

STEP 1

STEP 2

STEP 3

STEP 4

STEP 5

さぁ、これを元に企画書を作って、シロクマ社長の元へ再提案しにいこう！

ってあれ？　また、早とちりして行っちゃったのか……。

ギンさんのアドバイスコーナー

アイディアを一晩、寝かしてみては？
色々な気づきも、生まれるはず。

STEP 0
STEP 1
STEP 2
STEP 3
STEP 4
STEP 5

STEP 2

09 いざ、企画承認へ再挑戦！

 今回、スパークリングワインの開発・販売の新規事業を企画するにあたって、「MVV（Mission・Vision・Value）」と「4P」を中心に検討したところ、お客さんのニーズを満たす事業になると自信を持っています。

商品名については、社内で「しあわせのいちご」に決定しましたのでワインを通じて、幸せを届けたいと思っています。

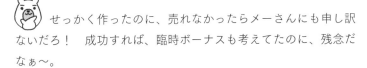 ほうほう。地元資源を活かしたスパークリングワインか。お客さんに喜んでもらえる方法まで考えてくれているな。

わかった！　企画を前向きに検討しよう！

ただ、この顧客ニーズは私たちメーカー側が考えていることだ。ホテルや小売店が本当に求めているものかどうかニーズを確認してきてほしい。そのニーズが確認できたら、前回も話した通り、製造と販売を1000本で実施しよう！

 ここまで作ったのに、今度は確認ですか〜。トホホ……。

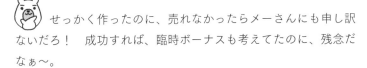 せっかく作ったのに、売れなかったらメーさんにも申し訳ないだろ！　成功すれば、臨時ボーナスも考えてたのに、残念だなぁ〜。

 すぐに確認してきます!!　ギンさん頑張ります!!

STEP 2 のおさらい

★ MVV を使って挑戦することの行動指針を考えよう

- 行動指針は事業のスローガン。
  Mission・Vision・Value で事業の成功イメージを作ろう
- MVV は日常生活でも使えるよ。

★ 4つの P を意識して、作戦を練ろう

- **Product（製品）**
  9つの質問で商品やコンセプトを作ろう。1人の視点より複数の視点が効果的。
- **Price（価格）**
  ポジショニングマップで価格を検討しよう。
- **Place（販売場所・方法）**
  顧客ニーズから逆算して販売方法を考えよう。
- **Promotion（販売促進）**
  AISAS で販売促進を考えよう。

Attention（認知）
Interest（興味）
Search（検索）　購買意欲
Action（行動）
Share（共有）

完璧なプランをいきなり作ることはできないから安心してね。作戦を繰り返し考える習慣をつけることが大事だよ。プランができたら、まわりの人から意見をもらってみよう。

STEP

3

確認する。

自分の立てた作戦を
相手目線で確認しよう

STEP 0
STEP 1
STEP 2
STEP 3
STEP 4
STEP 5

MY FIRST PRODUCE THINKING

STEP
0

STEP
1

STEP
2

STEP
3

STEP
4

STEP
5

STEP 3
01 仮説と改善で事業をアップデート

さあ、調査開始しようか。まずは、商品についての魅力を確認しないとね。

それじゃあ、特設ホームページを立ち上げて、消費者アンケートや業界の動向調査etc……。やること多くて大変ですね!

大企業は別として、スタートアップからたくさんのお金をかけたり、複雑なことをするのはなかなか難しい。

販売する為の調査だから、調査がゴールになってしまうような無理な企画は良くないよ。まず、簡単にできる調査を行なおう!

簡単に……。「試作品を飲んでもらって味や価格の感想を聞く」といったところでしょうか。

そうだね。じゃあ、試作品は製造部に作ってもらうとして、誰に何を実施して、どんなことを聞いていくかを考えていこう。

試飲会のようなイベントではなく、デザインや名前といった視覚や感覚でとるアンケートはSNSや動画を活用して、効率的に意見を集めていくことも1つの手法だよ。

ターゲットを忘れず、できる調査から始めよう。

おおげさに調査と話してしまったけど、結局は「この商品がお客さんに喜んでもらえるかを確かめること」。これに尽きるよ。そのためには、簡単なことからチャレンジしてブラッシュアップしながら、良い商品に仕上げていくことで、お客さんの満足度をより高めていこう。

　最近は、下図のように素早く改善しながら事業をアップデートしていく方が主流になってきているからね。

顧客調査（アンケート、SNSなど）、試飲会など

課題を発見
作戦を立てる

素早く何回も
実践と改善を繰り返して、
良い商品を作っていこう！

テスト

仮説

試作品

社内でアップデート

　事業の進め方や調査方法を話したところで、誰を調査対象にしようか？

　若い人、中年男性、同世代。たくさんの人に飲んでもらいたいですよね。そしたら、多くの意見をまとめて改善できますし。

そんなにたくさんの人に飲んでもらったら、試作品を大量に作らないといけないね。それから今回、飲んでもらいたい人が誰だったかを忘れちゃいけないよ。

あ……では、女性をメインターゲットに絞ってモニター調査や試飲会をしたいです。

モッティのように、色んな人に手にとってもらいたい気持ちはわかるけど、大切なことは「誰に商品を届けたいか」だよ。

また、具体的に女性の中でも仕事をしている人、していない人など、少し区分してアンケートを取ってみよう。

すると、どの層の女性に魅力があるのかヒントになるからね。

簡単ではありますけど、ターゲットの表を作ってみたので、会社のホームページや取引先などで告知してアンケートにご協力いただける方を集めましょう！

試飲を依頼する見込み客

ターゲット	20代	30代	40代
仕事をしている女性	3人	5人	3人
専業主婦	3人	5人	3人

STEP 0
STEP 1
STEP 2
STEP 3
STEP 4
STEP 5

ギンさんのアドバイスコーナー

 # いつかはない。今しかない。

STEP 3
02 アンケートの本質は コミュニケーション（質問）

　来てほしい人が決まれば、どんな回答をもらうかですね。
え〜と「飲んでみていかがでしたか？」っと。

　その質問だと、「おいしかったです」とか「普通です」とか
で終わってしまうよ。

　そうですか？　みんなけっこう書いてくれるものかと思っ
ていました。

　仮に、モッティがあまり興味のないイベントに参加したア
ンケートで、「いかがでしたか？」って聞かれたら何て書きそう？

　「良いイベントで良かったです」ですね（笑）。これじゃい
けませんね。

　そう。だから、僕たちが聞きたいテーマを答えやすい質問
にしたアンケートを取ることが大事なんだ。アンケートはコミュ
ニケーションツールの１つで、質問がとても大切だよ。

STEP 0
STEP 1
STEP 2
STEP 3
STEP 4
STEP 5

アンケートは質問で答えやすさが決まる！

みんなも、アンケートって何気なく答えていることが多いと思うけど、質問次第では得たい反応や回答が変わってくるよ。後でも話す「質問方法」とも関わるから「私はアンケートを作る仕事じゃないや」と思って読み飛ばすのではなく、アンケートが1つのコミュニケーションツールだと思って考えてみてね。

うーん……ただ、その質問が思いつかないことが多いんですよね。

よし。まずは、質問をする目的を整理しないとね。これは、アンケート調査に限らず、インタビューや日常のコミュニケーションにおいても同じだよ。

普段の会話でも内容が的外れで、何のために質問しているのかわからない質問は、答える相手も疑問を持ってしまうからね。

だから、質問を考えるときには、

- **自分にどんな課題があるのか**
- **誰に対して聞くのか**
- **質問して得た結果の活用方法**

上記の3点に注意してみよう。簡単にいうと、自分たちが持っている課題を解決するために、誰に何を聞いて、その結果をどのように活かすかを検討するということだよ。

今回のワインの試飲では、どんな課題があって誰にどんなことを聞いて、どうしたい？

価格や味、ワインに合う料理など、活用方法の検討について課題があります。そこで手に取ってもらいたい顧客層に感想や要望を聞き取ることで、その情報を商品や販売方法に活かして販売量を上げていきたいです！

よし！　じゃあ、次はその目的を達成するために聞き方を整理してみよう。

アンケートは、相手がスラスラと答えやすい質問を何件か重ねた後に、どういった点が良かったか、もしくは、修正点をお聞きしたいといった依頼の質問が有効的だよ。これは、交渉術でも活用できる手法なんだ。

例えば「このワインをプレゼントとして4000円で販売していた場合、購入したいですか?」という質問に対して、「はい」もしくは「いいえ」で答えてもらうとわかりやすいね。実際のコミュニケーションでは、「はい」「いいえ」の答えに対してSTEP 1 -03（P039）で実践した「なぜ」という言葉を活用すれば、より深く考えを聞き取ることができるよ。

この質問の方法を「クローズドクエスチョン」というんだ。逆に、自分の考えや幅広い種類の回答を求める質問を「オープンクエスチョン」と呼ぶよ。この2つの具体的な質問方法は、後ほど学んでいこう！

アンケート調査表を作ってみよう！

- 自分が取り扱っている商品を良くするために聞きたいことを作ってみてね。
- ストレートに聞きたいことがあるだろうけど、相手の立場に立ちながら質問を考えてみよう。
- 作成用紙は箇条書きでも大丈夫。

まずは、クローズドクエスチョンで聞いてみよう。

「しあわせのいちご」試飲アンケート

Q1. 「しあわせのいちご」に対して、総合的にどのくらい満足していますか。
　□満足していない　□どちらかといえば不満
　□どちらともいえない　□どちらかと言えば満足　□満足

Q2. このスパークリングワインが1本4000円で販売されていた場合、購入したいですか？
　□購入したくない　□購入したい

Q3. 「購入したくない」と答えた方にお聞きします。いくらくらいの金額であれば購入を検討しますか？
　□〜2000円　□〜2500円　□〜3000円　□〜3500円　□〜3999円

相手が答えやすいようにチェック式でアンケートを作りました。

STEP 0
STEP 1
STEP 2
STEP 3
STEP 4
STEP 5

いいね。次は、オープンクエスチョンで聞いてみよう。回答例を載せておくと答えやすくなるよ。

Q4. このワインを飲むとき、どんなシーン（デート、レストランなど）で飲みたいですか？　具体的に教えてください。

> 例）「しあわせのいちご」なので幸せになりたい人と一緒に自宅で飲みたいと思います。

Q5. このワインに合う料理は何だと思いますか？

> 例）パスタやピザ、ステーキにもオススメだと感じました。

こんな感じで僕たちが欲しい情報をまとめました。さあ、お客さん向けに試飲会を企画しなくっちゃ！

おっと！　ただ、試飲会を実施するだけじゃなく、次のページで説明する質問方法を使って、試飲会でのヒアリングをより良い時間にしていこう！

普段のコミュニケーションでも使えるから、活用してみてね。

ギンさんのアドバイスコーナー

質問は、人生を豊かにする。

03 2種類の質問で コミュニケーションの質をアップ

STEP 0
STEP 1
STEP 2
STEP 3
STEP 4
STEP 5

前回、アンケート調査で「クローズドクエスチョン」と「オープンクエスチョン」の2種類の質問方法があると説明したけど、今回は、その方法を使えるようになろう。

就職や転職、お客さんとの面談でも大切だと聞いたことがあるかもしれないけど、どんな質問をするかで面談の雰囲気や効果は大きく変わるよ。

質問は、相手に聞いて何を得たいのか、得た後はどのような成果を求めるのかをイメージしながら行なうと効果が期待できるから、質問を考える際は参考にしてみてね。

最後には、コピー機販売の営業マンであるアライグマさんが2つの質問方法を活用して、お客さんへ提案していくよ。

クローズドクエスチョンとは

おさらいになるけど、クローズドクエスチョンは、質問の答えが「はい」や「いいえ」など、相手がはっきりと答えられるものに絞ってあげる質問方法だよ。口数の少ない方や多くのことを話してくれない人にはピッタリで、相手も会話に入りやすくなるんだ。キツネ美容室にカットで来店したアザラシさんで例を見てみよう。

　質問しても「はい」や「いいえ」といった端的な言葉しか返ってこない人は、返ってきた回答に対して、「なぜ?」や「どのくらい?」といった言葉を使って掘り下げていくことができるから、結果的に本質にたどり着けることもできるよ。

　ただ、あまり話したくない人もいるだろうから掘り過ぎには注意してね。

オープンクエスチョンとは

　オープンクエスチョンは、制限を設けない会話や話題を広げるための質問方法だよ。例えば、「スパークリングワインを飲んでみていかがですか?」とか、「最近、どうですか?」とかだね。

　1つのテーマについて多くの情報を知りたい場合はもちろんだけど、日常でも多くのことを話してくれる人には、この質問方法

STEP 0

STEP 1

STEP 2

STEP 3

STEP 4

STEP 5

がコミュニケーションを円滑にしてくれるよ。

次のキツネ美容室へのお客様はメーさんだよ。

オープンクエスチョン 美容室にて

オープンクエスチョンは、相手の話をしっかり聞ける反面、しゃべり過ぎて本題と離れてしまうことが多いから会話の路線変更には注意しようね。そういった経験はないかな？

クローズとオープンの質問で提案しよう。

● コピー機の販売営業マンのアライグマさんが、2つの質問法を活用してお客さんへ提案していくよ。

● みんなも、次ページのイラストと解説を参考に自分の仕事やコミュニケーションにあてはめて考えてみてね！

2つの質問で交渉力アップ

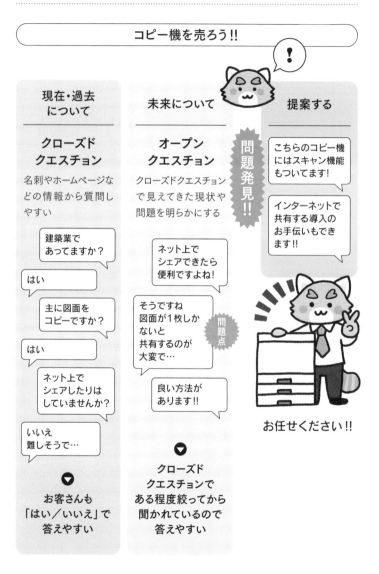

コピー機を売ろう!!

現在・過去について

クローズドクエスチョン

名刺やホームページなどの情報から質問しやすい

- 建築業であってますか?
- はい
- 主に図面をコピーですか?
- はい
- ネット上でシェアしたりはしていませんか?
- いいえ 難しそうで…

▼

お客さんも「はい／いいえ」で答えやすい

未来について

オープンクエスチョン

クローズドクエスチョンで見えてきた現状や問題を明らかにする

- ネット上でシェアできたら便利ですよね!
- そうですね 図面が1枚しかないと共有するのが大変で…
- 良い方法があります!!

▼

クローズドクエスチョンである程度絞ってから聞かれているので答えやすい

問題点

問題発見!!

提案する

こちらのコピー機にはスキャン機能もついてます!

インターネットで共有する導入のお手伝いもできます!!

お任せください!!

STEP 0
STEP 1
STEP 2
STEP 3
STEP 4
STEP 5

1 信頼関係がない場合、まずは「はい・いいえ」などで答えやすいクローズドクエスチョンで過去や現在について質問しよう。答えやすい質問を続ければ、相手も話しやすくなるからね。

2 クローズドクエスチョンの回答で「これ、少し課題ではないかな？」と思えることを「なぜ・どんな」などの言葉を使って深堀りしてみよう。すると回答の背景が見えてくるよ。

3 深堀りしていた会話をまとめてあげることで相手に問題点を把握してもらおう。

4 自分の持っているサービスや知っていることを相手に提案してみよう。

コミュニケーション全般に言えることだけど、相手が話した内容をまとめて復唱してあげると会話を理解してもらえたと安心できるから、確認しながら会話を進めてみてね。

また、話の中に出た疑問やつじつまが合わないことを深掘りできれば相手の課題や問題を発見できるよ。その問題を解決できる提案ができれば良い商談ができるし、コミュニケーションの質もアップできるから意識して2つの質問を活用してほしい。

つまり
〇〇ってこと
ですね

魅力ある人の話を聞こう。
そこには、夢への羅針盤が隠されている。

STEP 3

04 複数の視点で 顧客ニーズを考えよう

 次は、販売場所と方法について確認しよう。前回「4P」（P091）で検討した販売場所の表を見てみるよ。

販売場所リスト

大枠	評価	場所	想定用途	懸念事項
リアル	○	自社の店舗	自分・自宅で飲み会	
	○	イベント	自分・家族	
インターネット	○	専用ネットショップ	自分・プレゼント	
	○	自社のHP	自分・プレゼント	
	○	クラウドファンディング	自分・プレゼント	
代理販売	○	ホテル	デート・記念日・結婚式	顧客層
	×	スーパー	自分・家族	
	○	デパート	自分・プレゼント	
	△	レストラン	デート・記念日・大切な人	顧客層
	△	道の駅	自分・家族・お土産	価格・用途
	△	新幹線の駅	自分・家族・お土産	難易度高め
	△	空港	自分・家族・お土産	難易度高め

フムフム。わかりました！ 見込みとして検討していた代理店に営業活動を行なうということですね！ では、さっそく！

ちょっと！ そのまま行くと、スパークリングワインを紹介して「取り扱ってください！」のセールスで終わっちゃうよ。販売したてのワインを目掛けて、お客さんが集まることは少ないでしょ。商品が良いものであることはもちろんだけど、取り扱ってくれる店舗も仕入れになるんだから、メリットがある提案を考えないと！

店舗ごとにニーズを確認しよう

STEP 0

STEP 1

STEP 2

STEP 3

STEP 4

STEP 5

今回は前ページにあるワインの販売場所の表を前提に、自分たちが提案できることや相手のニーズの仮説を立てていくよ。ここでは、アイデアを自分だけで考えるのではなく、チームや仲間とディスカッションができると、相手のニーズをより多くの視点で考えることができるからオススメだよ。

まずは、ホテルから見ていこう。

ホテルは、ディナーのコース料理とセットにするイメージでいかがでしょうか？　あとは、宿泊客のウェルカムドリンクでも提案や検討をしていきたいです。

イチゴのスパークリングワインだから、結婚式のメニューにも追加を検討してもらえると良いよね。コース料理にセットで提案する方法であればレストランでも似たことが考えられるから、レストランにも営業活動をしてみよう。ただ、取り扱っている料理や価格帯には気をつけて営業しよう。

次は、スーパーだね。

多くのお客さんに見ていただけるチャンスですが、価格やプレゼントにしてもらいたいというコンセプトが違うので、ミスマッチだと思います。ほかの提案先を検討しようと思います。

よし！　顧客のニーズが第一だからね。次はデパート。

デパートは、ぜひ取り扱っていただきたいですね。プレゼントとしても検討してもらえそうですし。

　まだ企画段階ですが、プレゼント用の木箱やリボン、グラスなどのセット販売の案内を検討しています。
　ポスターを作成して、販促品としてお渡ししたいと思います。

 道の駅ではどうかな？

 検討中でしたが、今回はペンギン村の資源としてメーさんのイチゴを使わせてもらっていますので、ペンギン村の知名度を高めるためにも販売を検討してもらいたいと考えています。
　ポスターや店頭のポップなどの製作も手掛けます！

 最後は、駅や空港などの大規模な公共交通機関だ。

 ぜひ置いてもらいたいです！　知名度が上がりますからね！
ペンギン村の人気商品とコラボとかもさせてもらえないかな。

 今回は1000本だから、販売がうまくいって知名度が上がってきてからでないと、取り扱ってくれない可能性が高い。ほかの販売店に営業を行っていこう。

 そうですか。人通りが多い大規模店舗で販売できれば、かなり売れると思ったのになあ……。

 大規模店舗にはたくさんのライバルがいるから目立たせることができなかったらもったいないよ。一歩ずつ前に進めていこう。
　よし。次ページで今回検討したことを見える化だ。

販促について

方法	評価	販売場所	提案
リアル	○	自社の店舗	・自社で実施
	○	イベント	
インターネット	○	専用ネットショップ	
	○	自社のHP	
	○	クラウドファンディング	
代理業務	○	ホテル	・コース料理でのセット販売 ・ウェルカムドリンク ・結婚式
	×	スーパー	・今回はミスマッチ…
	○	デパート	・ポスターで販売促進 ・プレゼント用に木箱やボトルのリボン、グラスのセット販売も検討
	△	レストラン	・レストランの価格帯や提供料理に注意 ・コース料理のセットメニューで提案
	○	道の駅	・ポップを販促品として提供 ・自社製品の販売はもちろんだけど、ペンギン村のアピールを行う
	×	新幹線の駅	・ある程度の知名度がないと販売が難しそう。初回販売でしっかり成果を出してリベンジだ‼
	×	空港	

STEP 0

STEP 1

STEP 2

STEP 3

STEP 4

STEP 5

少しずつまとまってきたね。今回、考えたことはまだ仮説だよ。自分が良かれと思ったことでも相手にとっては反対に良くないこともあるからね。

どのような工夫があれば取り扱いやすいのか、納得してもらいやすいのかを検討して、たくさんの視点からアイデアを出すことが大切だよ。

よし！　わかりました。お客さんの立場に立ってしっかりと考えることが必要ということですね。

ワインを販売するだけでは、モッティしか共感できないかもしれないから、これをより身近な出来事で考えてみよう。

 ん!?　何を例に考えるんですか?

 モッティが花ちゃん（奥さん）に行なったプロポーズで考えてみよう。今回はプロポーズした場所と方法について思い出してもらうことで理解を深めていこう。

 え!?　恥ずかしい……。

 プロポーズのときは、自分が相手の立場に立って一生懸命考えたんじゃないかな?　ちょっと思い出してみようよ。

 わかりました。あんまりいじめないでくださいね（笑）。

相手の立場に立って考える習慣

早速だけど、モッティは花ちゃんにプロポーズするときは、すんなりと場所やシチュエーションを考えることができた？

いやいや……すごく考えましたよ。けっこうロマンチックな場所や演出も考えたんですよ♪

モッティのプロポーズ大作戦

手法	場所	モッティの気持ち	花ちゃんの気持ち
手軽	自宅	**低** してあげたい気持ち度 **高**	気持ちは嬉しいけど、いつもと違った雰囲気が良いな
手軽	公園		気持ちは嬉しいけど、いつもと違った雰囲気が良いな
手軽	よく見る光景		気持ちは嬉しいけど、いつもと違った雰囲気が良いな
背伸び	高級ホテルでディナー		かしこまった雰囲気が苦手だなあ
背伸び	高級レストラン		意識せず、ご飯をおいしく食べたいなあ
背伸び	**旅行先**		**思い出に残るから良いな**
特別感	夜景上空クルージング		高所恐怖症
特別感	フラッシュモブ		派手に目立つのはいや

夜景クルージングなんて、すごくロマンチックじゃないか。で、結局、どこで気持ちを伝えたの？

旅行先です。普段の会話からニーズを考えて決定しました。

こちらが一方的に考える場所や方法よりも、花ちゃんの立場をしっかりと考えたということだね。

そうなんです。もちろん僕のように場所やシチュエーショ

129

ンにこだわる方もいらっしゃると思いますので、考え方や気持ち次第ですよね。

 そうだね。企業も人が動かしているから、自分たちが考える提案はベストであると一方的に考えるんじゃなく、「この提案で本当にお客さんが満足してくれるだろうか？　お客さんが必要としているものは何か？」と選択肢を検討することが、より良い選択になるはずだよ。

　今回のように、日常でもこのような事例はたくさんあると思うよ。

 繰り返しになりますが、キーワードは相手のニーズですね。

 そうだね。相手のニーズを聞き出すときにはさっき学んだ２種類の質問（クロズドクエスチョンとオープンクエスチョン）を参考にすることをお忘れなくね。

　じゃあ、結果をシロクマ社長に報告に……って、おぉい！　もう行ってしまったのか。

 社長に認めてもらって、頑張って売るぞ！

ギンさんのアドバイスコーナー

失敗なんてない。
うまくいかない方法がわかっただけ。

STEP 0
STEP 1
STEP 2
STEP 3
STEP 4
STEP 5

STEP 3 05 4つの順序で わかりやすい報告を実践しよう

 ちょっと待って、モッティ急ぎすぎだよ。たしかに、顧客アンケートや営業活動も終えて、まずまずの結果になった。

だからこそ今回は、シロクマ社長に報告してスパークリングワインの取り扱いができるかどうかを決断してもらうためにも「PREP法」とういう方法で報告しよう。

PREP法……あれですね！　わかってますよ♪　最近我が家でも実践しました♪

そうなの？　それは良いことだね。一応説明するとこのような特徴があるよ。

PREP法の実践例

Point（結論）⇒ Reason（理由）⇒ Example（具体例）
⇒ Point（結論）

始めに結論を伝えてから、結論に至った理由を説明し、理由に説得力を持たせるために事例やデータを提示した後で、最後にもう一押しで結論を伝える方法だよ。

お客さんや上司への報告にも活用できる分かりやすい説明方法だからぜひ実践してみてね。

モッティのおこづかいベースアッププレゼン PREP法編

結論から申しますと
僕のおこづかいを
上げた方が良いと
思います

Point（結論）

・私はこう提案します
・私はこう思います
・〜です

一番伝えたいこと、
主張・事実

というのも僕は先日
仕事の役に立つかもと思い
インスタを始めたんです

Reason（理由）

・どうしてかというと
・なぜなら
・理由としては

その理由

具体的に申しますと
インスタで自分の世界が
広がったようでした！
おいしそうなお店がたくさん…

よだれが
とまらな

い〜

Example（具体例）

・例えば
・例をあげると

例・具体的に

すえおきで
お願いします

ですから、調査が必要な
事案かと思われます
そのためにも
おこづかいを…

最近あなた太ってきたわよ

Point（結論）

・以上により〜です
・よって〜です

主張のまとめ

 交渉失敗してるじゃん（笑）。けど、順序は合ってるね！

そうなんですよ〜。ただ、家族全員での調査をするときは
了承をもらえましたので、なんとかOKかと。
　じゃあ、いざ！　社長室へ行ってきます！

PREP法で確認内容の説明!

STEP 0
STEP 1
STEP 2
STEP 3
STEP 4
STEP 5

■ Point（結論）

 シロクマ社長、スパークリングワインの顧客ニーズを調査した結果、検討すべき点がありますが、新商品として開発・販売したいと考えています。

 ほうほう。理由を聞かせてくれ。

■ Reason（理由）

 はい！　根拠は3点あります。

1点目は、消費者の反応の良さ
2点目は、販売を検討してくれる企業があること
3点目は、心に訴える商品であること
以上の3点です。

■ Example（具体例）

　まず、「消費者の反応の良さ」です。今回、スパークリングワインの試作品を作って女性を対象にしたモニター調査を行ったところ、「おいしい」と答えた方が85％以上で、プレゼントしてもらえると嬉しいという多くの回答を得られました。

　価格については、4000円では割高な印象でしたが、3500円であれば自分へのご褒美やお祝いなどで購入を検討したいという声もありましたので、3500円前後で値段を再検討したいと考えています。

また、プレゼント仕様に木箱やシャンパングラスを検討してみては良いのではないかというアイデアもいただきましたので、チームでアイデアをまとめています。

次に、「販売を検討してくれる企業があること」です。すでに、ホテルやレストランなどにニーズ喚起と提案を行なったところ、コース料理のセットやウェルカムドリンクメニューとしての活用について内諾をいただいております。

また、このスパークリングワインに合う料理を提案してほしいと依頼を受けていますので、料理人とも検討しながら提案したいと思います。

直近の目標としては、地元の農作物や資源を活用したレストランやホテルなどを中心に営業活動を行い、地産地消できる販売先を増やしていきたいと考えています。

最後は、「心に訴える商品であること」です。ホテルへの営業活動の際、ブライダル部門の担当者から、このワインのコンセプトがピッタリだと気に入ってくれて、ブライダルフェアの特典として活用したいと話を受けました。

この商品は、私たちが想像していることだけでなく、人の心をあたたかくする商品であると感じました。

■ Point（結論）

以上のことから今回、検討したスパークリングワインにターゲットのニーズがあることを確認することができました。1000本を完売することはもちろんですが、商品の知名度を高めてペンギン村以外でも販売を行っていきたいと考えています。

検討、よろしくお願いします！

 ほう。ちゃんとニーズについて調べてきてくれているんだな。

よし！　まずは、1000本の生産で販売状況を検証した上で追加の生産量を考えていこう！　金額は、せっかくのお客様の声だから3500円でどうだ？　メーさんにもしっかりと仕入れ体制を整えてもらうようにな。

 わかりました。では、次はブランディングですね。周知をしっかりと行なうための仕組み作りと実践が必要ですね。

 ああ。そうだな。頼むぞギンさん。

あの〜……。決まったから、営業してどしどし売っていくんじゃないのですか？

知名度を高めるためにもブランディングは必要なんだよ！さぁ、しっかりと広めていくために次も頑張っていこう！

ギンさんのアドバイスコーナー

人生は「選択」の連続だ。
その「選択」により、
自分を変える「機会」を得る。

STEP 3 のおさらい

★**事業は仮説・試作・テストの循環で確認しよう**

・テストの後は素早い改善で事業をアップデートしよう。

★**アンケートで顧客の想いを確認しよう**

・答えやすいアンケートであることが大切。

・アンケートの本質はコミュニケーションであり、質問。

★**2つの質問法で相手の考えや想いを確認しよう**

・**クローズドクエスチョン**：Yes、No など答えやすい質問。

・**オープンクエスチョン**：相手の考えを幅広く知りたい時の質問。

★**相手の立場を考えた提案で確認しよう**

・相手にもメリットがあることを考えた提案でwin-winを考えよう。

★**PREP法を使った説明で自分の考えを確認しよう**

・自分の考えも整理できるし、わかりやすい説明をつくることに効果的。

Point（結論）⇒ Reason（理由）
⇒ Example（具体例）⇒ Point（結論）

STEP
4

試す。

事業を実施して
ブランド力を高めよう

STEP 0
STEP 1
STEP 2
STEP 3
STEP 4
STEP 5

STEP 0
STEP 1
STEP 2
STEP 3
STEP 4
STEP 5

STEP 4
01 ブランドの定義と プロモーション方法

製造チームが頑張ってくれている間に僕たちはブランドについて考えていこう。

そういえば、よく「ブランド」って日常でもよく聞きますけど、そもそもの意味って何ですか？　なんとなく、値段が高いってイメージがあるんですけど……。

ブランド品は、高級な製品だけじゃないよ。激安を売りにしているスーパーだって、立派なブランディングだからね。

ブランドは、消費者が商品やサービスの「意味のある"差"」に共感し、ファンになっている状態のことを指すよ。

「●●といえば△△」といったようにだね。

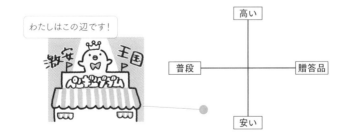

モッティが言っているハイブランド商品は、素材が高価であることはもちろんだけど、デザインやネームバリュー、ハイブランドとして維持する工夫が多くなされているんだ。

STEP
4
試す。

　そして、自身のブランドを発信してファンを作ることは、自己紹介をしっかりと深めて、多くの人に共感してもらうことと似ているんだ。

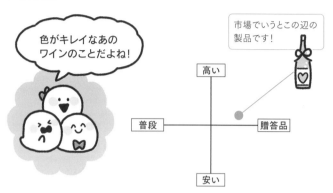

　共感ですか。なんだか難しそうですね。

　ブランディングは、STEP1からSTEP3までで考えた顧客ニーズや価格、コンセプトなどのイメージを消費者に持ってもらうことを目標にしているよ。さっきも伝えたように「●●いえば△△！」って感じでね。

　って感じですね！

そう！　それがブランディングの目的だよ。
ところで「ふGUCCI」って、何？

 え〜！　知らないんですか？　今とっても流行ってるんですよ！

ふGUCCIとは… ペンギン村で流行中の
ハイブランド
ふぐっちのがま口サイフ

 そ……そうなんか。（まったく知らんかった……僕、流行にのれてないな）ブランドとして広めるためには、商品を多くの人に触れてもらう必要があるから、次はキャッチコピーの大切さを見ていこう。

 僕も広告でお客さんに響く言葉をよく考えますけど、キャッチコピーって何ですか？

 普段、何気なく使っている言葉って正式な意味を聞いてみるとわからないこともあるよね。
　キャッチコピーとは、広告のうち商品や作品に惹きつけられるように掲げられる、インパクトを持たせた言葉だよ。次ページではブランド化できるように、キャッチコピーとデザインを考えるためのツールを紹介しよう。

３つのツールを活用したキャッチコピーの基本

今回は、広告でも力を発揮するキャッチコピーとデザインを考えるために３種類の便利なツールを準備したよ。

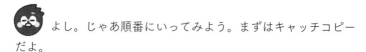

① 「Yahoo!知恵袋」、「教えて！goo」
② 「Amazon」
③ 「Pinterest」
　　　ピンタレスト

①と②は使ったことがありますけど、どんな風に活用したらいいんでしょうか？

よし。じゃあ順番にいってみよう。まずはキャッチコピーだよ。

① 「Yahoo!知恵袋」、「教えて！goo」

この２種類ってよく、疑問に感じていることに対して回答をたくさんくれるサイトですよね？　キャッチコピーと関係なさそうですけど。

そんなことないよ。これらのサイトは、２種類とも共通したことがあるんだ。モッティは、このサイトをどんなときに利用する？

疑問を感じて、自分の考えや悩みについてアドバイスをもらいたいときですね。

そうだよね。だから、みんなが抱えている疑問や悩みに対しての解決策はニーズになり得るんだ。

　例えば、スパークリングワインにプレゼントとしてのニーズがあるかどうかを確認しようと思えば、過去の投稿でスパークリングワインについて相談があるかどうかをチェックしてみると良いし、ほかにも、ワインに対する考えなども掲載してあるはずだよね。悩んでいることを解決できる言葉があれば、それは大きな効果を持ったキャッチコピーになるし、解決できる方法があるならそれは1つのビジネスにもなるよ。

②「Amazon」

さあ、今、お客さんのニーズを調べた状態で解決方法が見つかったらAmazonでもキャッチコピーを参考にしてみよう。

Amazonでキャッチコピーを参考にできるんですか？　お買い物だけだと思ってました。

Amazonはキャッチコピーの宝庫だよ。特に書籍は売り場にいかなくてもたくさんのタイトル（キャッチコピー）を見ることができるからね。

たしかに。そこで自分に刺さるタイトルの表現方法は参考になりますし、売れている話題の商品タイトルを見るのも良いですね。

Amazonは多種多様な商品が豊富に掲載されているし、ライバル商品の価格や市場規模のリサーチにも活用できるからお買い物以外でも活用できるシーンはたくさんあるよ。

③「Pinterest」
ピンタレスト

 最後はピンタレストでデザインを参考にしよう。

 Pinterestってどんなものですか？

 一言で言うと、ネット上のWebサイト・あるいはPinterest上にある画像を自分のボードに集めることができる画像収集サービスだよ。

広告やデザインを作るとき、ピンタレストにある画像で表現方法を参考にするということですか？

そうだね。人は視覚で多くの印象を感じているから、まずはインターネット上に出ている画像を参考にしてみよう。

　最近のポスターは商品紹介よりも、いかに企画や商品に対して興味をもってもらえるかが注目されているよ。自分がその商品を購入した姿やイベントに参加した姿を想像してもらえることが理想だね。

「しあわせのいちご」もスパークリングワインそのものだけでなく、スパークリングワインをどのシーンで利用できるかを想像してもらえる内容にしたいですね。

いいね。最近は、広告を自分で作れるツールも増えているし、どのようにしたら見てくれる人たちに響くかを考えるきっかけにしてみよう。キャッチコピーは、**1**相手に興味を持ってもらう→**2**その商品・サービスについて想像してもらう→**3**実際に行

動してもらう、この3点の順序を目標としているよ。

　この言葉やデザインを含めた表現を考えることは、相手に対してよりわかりやすく表現ができることと同じだから商品開発に限った話ではなく、普段のコミュニケーションや交渉でも効果的だよ。それくらい言葉の持つ影響力は大きいんだ。

　今は、もっとたくさんのアイデアや知識が書籍やインターネットに掲載してあるから、自分に合った方法を真似てみることからチャレンジしてみよう。

　さて、次からは、商品を伝える方法やツールを一緒に考えていくよ。

　僕もキャッチコピーとデザインを考えてみました。まだまだ磨きをかけていきますね。

ギンさんのアドバイスコーナー

とにかく、考え、調べ、確かめよう。
ダイヤの原石は、きっと眠っている。

STEP 4
02 共感してもらう
ストーリーを伝えよう

 さあ、ブランドに関する概要を知れたことだし、早速、ワインを販売するための販促物を検討していこう。さてと、まずはホームページの商品紹介といこうか。

 ……。

 どうした？

 どう書いていいかわかりません……。ワインの魅力を書くことはできると思うんですが、消費者の方々に共感してもらえるような内容が思いつきません……。

 消費者の方々に共感してもらうには、ストーリーが必要だよ。今回のワインも製造までに色んな苦労や成功といったストーリーがあったよね。商品の魅力と合わせて背景を知ってもらうことが鍵なんだ。

　この商品紹介のストーリーは商品だけでなく、自己紹介でも活用できることなんだ。就職や転職、会社のプレゼンテーションで相手の共感を得たいときに有効だから、しっかりと考えていこう。

身近にあるストーリー

STEP 0
STEP 1
STEP 2
STEP 3
STEP 4
STEP 5

 ストーリーって具体的にどんな感じですか？ 小説や文章の構成で習ったことのあるような「起承転結」みたいなものですか？

起 ▷ 承 ▷ 転 ▷ 結

そうそう。それに近いイメージだけど、下図のように少しアレンジを加えてストーリー性を高めてみよう。

| 1 平凡な日常 | 主人公となるあなたが、問題意識は希薄で平凡な日常の中で物語がスタートします。 |

| 2 変化 | 主人公に対して変化の機会がやってきます。何事もなく過ごしていたあなたが新しい挑戦や行動を起こさなければならないようなきっかけも変化にあたります。 |

| 3 試練・苦悩 | 変化していく中で次々と課題に直面します。この課題を乗り越えるために努力や行動することで主人公が成長していきます。 |

| 4 変化 | 課題を乗り越えていくことで次のステップに挑戦します。挑戦の途中に再度、試練や課題も発生しますが、諦めずに取り組むことで成果をあげていきます。 |

| 5 成功 | 最終的に変化や試練を乗り越えて目標を達成した主人公は1つの成功にたどり着きます。次の目標に向かって新たな物語がスタートすることもあります。 |

次ページからは「WORK」も交えて実際にストーリーを作ってみよう。

ストーリーで商品や自己紹介を考えてみよう

●モッティは、スパークリングワインを取り扱うまでのストーリー
を紹介するために振り返りを行なうよ。
●みんなは自己紹介や自分が取り扱っている商品を元に作ってみ
よう。各テーマを考えるための質問も用意したよ。

1 A.平凡な日常
（Q.プロジェクトへ挑戦する前はどんな状態でしたか？）

　モッティは転職してきて、新しいことに挑戦したいという想い
を持っていたけど、普段の仕事が忙しく、何から実践して良いか
さっぱりわからない日常を過ごしていました。

　そんな中、会社は新型コロナウイルス感染拡大の影響で売上が
減少。なんとか打開策を検討しなくてはいけないが、モッティ自
身、挑戦する機会があっても言い訳が先行してしまうのでモヤモ
ヤとした日々が続いていました。

2 A.変化
（Q.プロジェクトへ挑戦するきっかけはなんでしたか？）

　ペンペン醸造のコンサル担当であるギンさんに出会います。プ
ロデュース思考の活用により商品だけでなく、自分をもプロデュー
スしたい気持ちへと変化。新しいことに挑戦し、1歩踏み出すこ
とを決意します。

❸ A. 試練・苦悩
（Q. プロジェクトを成功させるために、どんな問題がありましたか？）

まず、自分が何をしたいのかわからないから、自分について知ることで自分のことしか考えられていなかったことや視野の狭さ、視点の少なさを知ることになります。

また、向き合いたくなかった自分と向き合うことだけでなく、わからないことに対して積極的に行動することの大変さを知ります。そして、お客さん目線で考える思考や知識が不足していたことを認識し、勉強と意識変化の日々を送っています。

❹ A. 変化
（Q. ❸の問題を解決するために何をしてきましたか？）

「WORK」を続けることで、自分の課題や挑戦してみたいことに気づき、ペンペン醸造だけでなく、ペンギン村を盛り上げるために調査を決意します。

そして、自ら行動した結果、ペンギン村のイチゴ作りのメーさんに出会います。メーさんの創業エピソードにも共感し、共同で商品開発することで意気投合。

モッティは自身で考えた商品を届けるためにマーケティングの知識を勉強し、将来はペンペン醸造を通じてペンギン村を盛り上げる商品にしたいことや、村外に商品を提供したい旨をシロクマ社長へ提案します。

❺ A. 成功
（Q. 最終的にどんなことが得られましたか？）

商品化が決定し、期間限定で1000本を販売することになります。自分だけでなく、組織で１つの大きな目標を目指すことになったので「完売御礼」を目標に、引き続きモッティの挑戦が続きます。

STEP 0
STEP 1
STEP 2
STEP 3
STEP 4
STEP 5

今回のように、スパークリングワインを企画して製造することだけでも１つのストーリーが出来上がるよ。

この表現方法や苦労の大きさや成果が、消費者や聞いてくれる人に大きな感動や共感を与えるはずだ。

スパークリングワインにかかわらず、色んな商品にストーリーがありそうですよね。これって、小説や映画にも似ていますよね。

そうだね。今回は５つのSTEPで書いたけど、もっと深くストーリーが書ける場合は、『ヒーローズジャーニー』という用語を検索して参考にしてみてね。

映画の場合は、師匠との出会いやもっと細かくわかれているから『スター・ウォーズ』や『ロード・オブ・ザ・リング』の他にも、大流行したアニメも参考になると思うよ。

ギンさんのアドバイスコーナー

知識だけが、人の心を動かすのではない。
あなた自身の経験こそ、人の心を動かすのだ。

STEP 0
STEP 1
STEP 2
STEP 3
STEP 4
STEP 5

STEP 4
03 クラウドファンディングの仕組みと活用方法

商品の魅力を伝えるにはストーリーが大切だということがわかったことだし、今回はクラウドファンディングを活用して、多くの人に商品を見てもらおう！

クラウドファンディングって……募金とか製品を開発する時の資金調達みたいなやつですよね。僕らの事業に募金してくれる人がいますかね。

たしかに、募金や資金調達として考えている人は多いし、そういった利用をする人が多いよ。けれど、クラウドファンディングは自分の事業の想いを伝えるツールでもあると同時に新商品のテストマーケティングとしても活用できるんだ。

新型コロナウイルス感染拡大で影響を受けた多くの企業がクラウドファンディングを利用しているので、自分の事業の想いを伝えるツールだということは分かりますけど……。

てっきりお金を集めるためのツールだと思っていました。

クラウドファンディングは、モノづくりで人気商品やサービスを生み出しているだけじゃなく、最近はスポーツチームや行政といった幅広い分野でも利用されているよ。

今回は、クラウドファンディングの活用方法やイメージを学びながら、スパークリングワインをインターネット進出させてみよう。

STEP
4

試す。

理想のクラウドファンディングとは

今回は、クラウドファンディングが持たれやすいイメージの募金と資金調達以外の効果を知って、実際にクラウドファンディングにチャレンジしてみよう。

初めて挑戦する人もそこまで難しくなく、チャレンジできるよ。まず、クラウドファンディングの流れを知っていこう。

お客さんから見たクラウドファンディングの流れ

1 興味、共感、支援

消費者が購入するには、クラウドファンディングの運営サイトを閲覧して魅力のある商品やサービス、支援したい企画を発見。

2 購入

閲覧中に魅力的な商品やサービスが見つかった場合はインターネットを通じて購入し、代金の支払い。

3 出荷

募集期間が終われば、企画者が商品の発送やサービスを開始。

4 商品到着

無事に届いて魅力的な商品を堪能できたらサービスは終了。

クラウドファンディングの仕組みと活用方法 | 4 - 03

STEP 0
STEP 1
STEP 2
STEP 3
STEP 4
STEP 5

　下図のように、クラウドファンディング事業は企画者がクラウドファンディングの運営サイトで一定期間の企画を行い、第三者となる消費者がサービスを購入・支援をする仕組みだ。

　募集期間を終えたら、売上の一部が手数料として差し引かれ、企画者へ入金となる。企画者はその商品やサービスを購入してくれた消費者へ提供することで企画が終了となるサービスなんだ。

［図解］クラウドファンディング事業の流れ

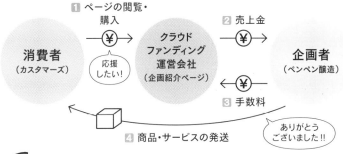

 これを見て、どう思う？

 商品が届くまでに少し時間がかかるインターネットのお買い物ですね。

 そうなんだよ。クラウドファンディングは購入予定者の数がわかった上で発送するから、予約販売としても考えることができるんだ。しかも、新商品を販売したいときには、クラウドファンディングの反応をみながら初回生産を検討することもできるから、とても便利なんだ。

 なるほど！　難しくないということですし、こんなに便利

なら、すぐに掲載してみようと思います！　クラウドファンディングで1000本、売り切ってしまうかもしれませんよ♪

　こんな感じになるといいなあ。

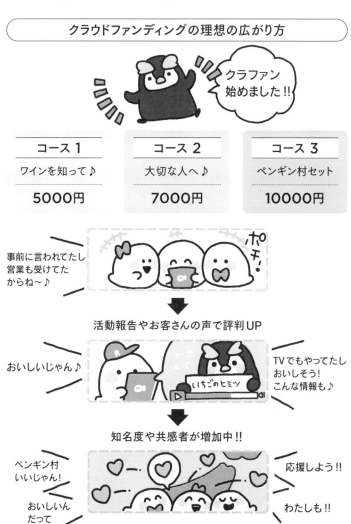

STEP
0

STEP
1

STEP
2

STEP
3

STEP
4

STEP
5

ちょっと待った！　確かにこれは理想的だけど、掲載すれば売れると思うのはいけないよ。せっかく良い商品を考えて作ったとしても、類似品が市場に出ている場合は、なぜ出しているか調査が必要なんだ。実際に、クラウドファンディングで掲載を始めたけど、資金が集まらなかった事例も数多くあるからね。

　だから、しっかりと商品やサービスを開始するにあたって、前回で学んだように、消費者に共感してもらえるストーリーを検討すること。その後で、クラウドファンディングのページを見てもらうことが大切だよ。

　それから最近、クラウドファンディングを運営している会社が増えてきているから、手数料や利用者数、使いやすさも確認した上で利用しないと良い結果にならないよ。自分に合いそうなクラウドファンディングを利用してみよう。

わかりました！　さっそく、内容をしっかりと整理して、SNSにも投稿することで多くの方にみていただきます！

そう！　色んな人に知ってもらうための工夫や努力も必要だよ！　SNSやホームページなどもしっかりアピールしていこう！

　次は、多くの方に情報を知ってもらいたいから、テレビや新聞などのメディアの会社に興味関心をもってもらうために、プレスリリースを提出することを検討してみよう。

ギンさんのアドバイスコーナー

**あなたは一人ではない。
自分の力不足を自覚し、
知恵や力を貸してくれる仲間を持とう！**

STEP 4
04
メディアで拡散できる
プレスリリースの活用法

ポスターやSNS、クラウドファンディングで周りの反応が変わってきましたね。ただ、もっと知名度を高めたいな。

そうだね！　じゃあ、もっと広く知ってもらえるような広報活動をして知名度も高めていかなきゃね。

インターネットは使ったので、今度は足を使った営業活動ですか？

より多くの人に知ってもらうために、プレスリリースという方法があるよ。

プレスリリースって何ですか？

企業・団体が経営に関わるニュースや、新商品・新サービスの情報をマスコミに知らせるために行うことだよ。

え!?　マスコミに自分たちの企画を取り上げてもらうってことですよね。すごくお金がかかるんじゃないんですか？

これは、無料でできるんだ。SNSやYouTubeの発信力は上がってきたけど、テレビや新聞の影響力もまだ大きいから、ぜひ使ってみよう！

プレスリリースをつくってメディアに訴えよう

プレスリリースはさっきも伝えた通り、メディアを通じて自分たちの企画や商品などを知ってもらうための行動だよ。下の図は、プレスリリースが採用されて取材、報道まで行われる場合の流れだよ。

STEP 0
STEP 1
STEP 2
STEP 3
STEP 4
STEP 5

プレスリリースの流れ

1 プレスリリース提出

2 メディア関係社のチェック

3 メディアからのアクション

4 取材・報道

なんだか簡単そう♪　それじゃあ、ワインを紹介してもらうためのプレスリリースを早く作らなくちゃいけませんね！

残念ながら、プレスリリースは何でも取り上げてもらえる
わけではないよ。新商品開発やイベントも可能性はあるけど、「社
会性が強い」と取り上げてもらいやすいんだ。

YouTube や自前のラジオは自分の好きな発信ができるけど、テ
レビなどの一般大衆向けのメディアは一部の人ではなく、多くの
人に共感してもらう必要があるからね。

今回は、売上を上げるだけじゃなく、メーさんや代理店など、ペ
ンギン村の色んな人に影響を与えようとしている事業だよね。だ
から今回は社会性を考えてもらえるかもしれないね。

図A

ワイン作りました!!

がんばった!

ふ〜ん…

図B

ペンギン村で大人気!!
メーさんのイチゴで作りました!!

開発裏話が〜
ペンギン村に住んでいると〜

メーさんのイチゴかぁ

なんかイベント
やるって〜

ザワ
ザワ
ワ

おいしいらしい

ペンギン村に
こんな魅力が…

図Bのように、ペンギン村の資源を活用した新商品開発と
ペンギン村の魅力再発見というところを推し出せば、社会性が強
くなるのではないでしょうか。最終的には、ワインを通じて、ペ
ンギン村を元気にしたいという考えもありますし。

よし。じゃあ、良い社会性やストーリーができたところで、
プレスリリースの書き方をざっくりと学んでみよう。決まった
フォーマットはないけど、記者の方に忙しい中で見てもらうから

シンプルで分かりやすく、写真などでイメージがしやすいと親切だし効果的だよ。

　企業だけでなく、個人でも取り組み可能だから、あまり抵抗感を持たずに実践してみよう！

プレスリリースの作成例

報道関係者各位
PRESS RELEASE

2021 年 3 月吉日
株式会社ペンペン出版

① ヘッダー

【ご取材のお願い】
自分・仕事・未来を簡単アップデート
『はじめてのプロデュース思考』

② タイトル

献本もいたします。お気軽にお問い合わせください！
著者：川本真督
発行：株式会社ペンペン出版
体裁：B6 タテ　定価：1430 円(本体 1300 円＋税 10%)

　拝啓　晩冬の候、ますますご盛栄のこととお慶び申し上げます。平素はなにかとご厚情にあずかり誠にありがとうございます。
　このたび、当社では新刊を発売いたします。つきましては、取材のご案内を申し上げます。
よろしくお願いいたします。

③ リード

たった5つの STEP を読むだけでプロデュース力を高められる本！

新しいことに挑戦したいけど、何をしたらいいのかわからない
そんなすべての人たちへ贈る入門書。

④ 本文

現代人に必要不可欠の「プロデュース思考」を初心者の方にもわかりやすく解説している一冊です。起業してから多様な仕事に従事している著者の経験に基づいたストーリー仕立てとなっています。この考え方をマスターすれば、仕事で結果を生み出すことができることもお約束します。

<著者紹介>川本 真督(カワモト・マサヨシ)
東京大学大学院卒業後、2012年に広告業として東京で起業。その後、2016年に広島県廿日市市にUターンを決意し、これまでに、多様な広告企画やブランディング支援に従事しています。

⑤ 写真・画像

『自分・仕事・未来を簡単アップデート　はじめてのプロデュース思考』発刊概要

発売日：2020 年 3 月 1 日(月)
販売価格：定価：1430 円(本体 1300 円＋税 10%)
発行・発売：株式会社ペンペン出版／仕様：B6 タテ 208 ページ／発売エリア：ペンギン村主要書店 etc

◆◇◆本件に関する報道関係者様からのお問い合わせ先◆◇◆

すべてのお問い合わせはこちらへ→TEL：111-111-1111　FAX：111-111-1112〈広報担当〉

株式会社ペンペン出版　広報担当(キリン・キツネ)

⑥ 会社概要・問い合わせ先

STEP 0
STEP 1
STEP 2
STEP 3
STEP 4
STEP 5

① **ヘッダー**

「報道関係者各位」など、誰に取材してもらいたいか記入することを忘れないこと。

② **タイトル**

30文字以内で「誰が何をどうするのか」を端的明確なキャッチコピーで書こう。

③ **タイトルからのリード**

「誰が・いつ・どこで・何を・なぜ・どうするのか」といった「５W１H」の基本情報を入れることが大切だよ。

④ **本文**

内容を詳細に読まない可能性もあるから、STEP３-05のPREP法（P131）や新聞記事のように、一番伝えたい情報を冒頭に持っていき、背景や詳細情報を後から補足するように実践してみよう。

⑤ **事業や商品をイメージできる写真**

⑥ **会社概要・問い合わせ先**

 おぉぉ！　できましたね！　では、さっそく出してきます！

▶**数日後**

 ペンペンテレビジョンとペン経新聞社から取材依頼がきて、メーさんも一緒に取材を受けてきました！　1000本が完売できて、もし軌道にのれば、長期取材も検討してくれそうな様子でしたよ！

 おぉ！　良かったじゃないか。取材で失礼な対応してないよね？

▶さらに数日後

報道のおかげで、問い合わせが増えていますし、クラウドファンディングへのアクセスも増えています！　メディアの力ってすごいですね！　これなら営業活動なくても1000本はクリアしそうですね♪

こら！　調子に乗るのは早いよ！　メディアは瞬間的に検索数や問い合わせ数は増えるけど、その後は、モッティの努力次第だから注意が必要だよ。

必ず停滞期は来るから、そのときに困らない準備をしておこう。

ギンさんのアドバイスコーナー

理想を想像しよう。未来を創造しよう。

STEP 4
05 停滞期こそ地道な努力
慌てずに結果を出す

 モッティ、どしたの？　珍しく元気がないじゃない。

 テレビ放送のおかげもあって、色んな方から問い合わせをいただいてたのに……。
　今は、売上が全然伸びませーん！

そうだね。村外からも問い合わせがあったけど、止まってしまったね。

もう1回プレスリリースを実施して、テレビに取り上げてもらいましょう！　次はペンギン村だけじゃなくて、テレビイーストにも送ってみましょう！

やけくそはいけないよ。何をネタに取り上げてもらうの？

 次は、ワインの紹介だけでなく、ホテルやデパートでワインの取材をしてもらうことで、少しだけ話題を変えてみます！

結局は、ワインの紹介でしょ。メディアは同じネタを2回扱ってくれるケースは少ないし、全国的に知名度がないワインを首都のイーストシティが取り上げてくれるわけないでしょ。

 うぅ……では、どうしたら。

すぐ外部に頼って大きな成果を得ようとしたらいけないよ。自分でも努力しないとね。

 うぅ……。

 今は、ワインをシェアしてくれる人たちにも飽きがきてしまっているから伸び悩んでいるんだよ。

　今回は、新規事業でもよく起こりやすいことを学んで、停滞期を乗り越えることについて考えていこう。

 解決策があるということですね！

 そうだね。まずは現状や起こりやすいことを知って、どんなことが必要かを知ることで実践していこう！

 今回も頑張ってなんとしても1000本、売り切ってみせますよー！

 相変わらず、立ち直りは早いね。

小さな成果をコツコツと重ねる大切さ

今、モッティが迎えているのは、停滞期。これは、クラウドファインディングに限らず、多くの商品やビジネス、会社でも起こりえることだよ。

だから今回は、まず起こりえることをしっかりと知って、停滞期が訪れたときの心構えや何をすべきなのかを考えていこう。

今回の企画は、対面販売、ネットショップ、クラウドファインディングでの販売だったよね。

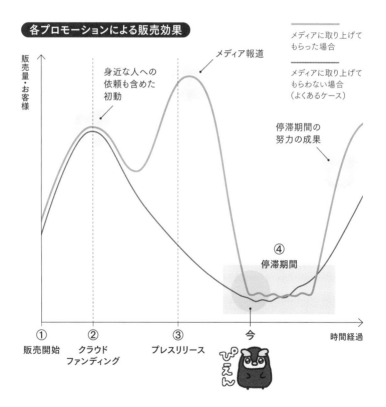

各プロモーションによる販売効果

メディアに取り上げてもらった場合

メディアに取り上げてもらわない場合
（よくあるケース）

販売量・お客様

身近な人への依頼も含めた初動

メディア報道

停滞期間の努力の成果

④
停滞期間

① 販売開始
② クラウドファンディング
③ プレスリリース
今
時間経過

魔法みたいな特殊技はありませんか？

STEP
0

STEP
1

STEP
2

STEP
3

STEP
4

STEP
5

あったらみんなやってるでしょ。今の時代は、大きな成果を１発出すことよりも小さな成果をコツコツと重ねることの方が大切だよ。

黒色はよくあるグラフで青色はメディアに取り上げてもらった場合だよ。

①販売開始

販売開始時やクラウドファンディング開始時は、開始前にスタッフが声をかけていたり、取引先や身近な人へ販売予約の営業活動を行なっていたから、良いスタートが切れたよね。

②クラウドファンディング開始

しかも、そこでクラウドファンディングの開始。ネットで周知を拡大できるからより多くの人が知ってくれて、販売量が増えた。

③プレスリリース

そして、さらに多くの人に知ってもらうためにプレスリリースからメディアを使った情報拡散で、クラウドファンディングや店頭販売も増加することができた。

④停滞期間

ところが、その後、特段大きな戦略がなければ話題性がなくなって飽きがきてしまい、売上の伸びが悪くなってしまった。よくあることは、ここで中だるみをしてしまうんだ。そして期限間近になって、目標達成のために猛烈な営業努力をしたことで、なんとか目標を達成できた。

よくあることですか。だったら必勝法がありますよね♪もったいぶらずに教えてくださいよ♪

STEP
4

試す。

　それは、地道な情報発信と営業活動だよ。もちろん、予算があって停滞期に多くの人に興味を持ってもらえるイベントを実施できれば良いけど難しいことが多いよね。

　当然のことかもしれないけど、この地道な努力はクラウドファンディングや何かのプロジェクトにかかわらずいつの時代でもどんなことでも重要だよね。

　そうですね。何かをすることで簡単に自分の目標を達成させてくれることばかりを考えていてはいけませんね。こういうときこそ、ブレない自分を思い出さなくっちゃ！（P028）

　停滞期は成果が出にくく、苦しい期間だけど、この積み重ねがラストスパートをかけるきっかけとなるんだよ。この積み重ねで走りきるのと最後だけ頑張るのではラストスパートの勢いがまったく違うよ！

　とは言っても継続できないといけないから、情報発信では小分けに新しい情報、お得な情報、お客さんの声を出すことで期待感やサービスをアピールしよう。飽きをこさせないように継続して行うことや共感してもらうことがポイントだよ。

　営業活動は、モッティが頑張るところだから心配いらないよね♪

　次の「WORK」では停滞期や成果が出ていない時に自分のすべきことを見失わないために準備をしよう。

STEP 0
STEP 1
STEP 2
STEP 3
STEP 4
STEP 5

停滞期のための ToDo リストを想定しよう。

▶ 停滞期が訪れた時、慌てなくても良いように実施することを箇条書きで書いておこう。

▶ 見える化することで自分のすべきことがはっきりしているからオススメだよ。

▶ 日々、コツコツと頑張らないといけないことでも OK。

停滞期に僕たちができそうなことは、こんな感じでしょうか。

停滞期や行き詰まり時の確認 ToDo リスト

☐ 活動レポート（クラウドファンディング）

☐ YouTube

☐ インスタグラム ・・・・・・・・・・ 発信・シェアを継続することで、商品や企画の期待感を UP させる!!

☐ 工場見学

☐ 試飲会

☐ _____

☐ _____ ・・・・・・・・・・ あなたなら他にどんな積み重ねをする?

☐ _____

個人では難しいかもしれないけど、工場見学や試飲会といった会社を活用した限定イベントも良いね。費用もできるだけ使わないようにしているしね。

この地道な発信や行動は、商品を知らない人に知ってもらうことはもちろんだけど、商品を作るにあたっての背景や工程など、情報を見てくれた方々に共感してもらえるような発信も心掛けてみ

よう。この積み重ねで魅力を感じてくれた方が購入したり、購入を迷っていた方の背中を押したりすることにも繋がるからね。

　また、活動の中で大きな協力をしてくださる方やインフルエンサーのシェアで話題にしてもらえたら思ってみなかった大きな成果を伸ばすこともあるよ。

 これが、ラストスパートになるということですか。

 そうだよ。だから、結果が出ていないときも事前準備や地道な行動で結果に繋げる想いを持つことを忘れないこと！

　プロジェクト開始時に売上が上がった場合、それは、開始までに積み重ねた地道な努力の成果なんだ。

　今回はそれが、販売期間中に目標達成するために起こる出来事だよ。楽して大きな成果は得られないけど、その分、成果が得られたときの達成感は大きい。「継続は力なり」という言葉があるだけあって継続することは大変だよね。STEP 5 では、こういった地道なことも含めて継続していくことの工夫について学びながら実践していくよ！

　さっ、しっかりとコツコツと積み重ねて良い結果をシロクマ社長に伝えにいこう！

ギンさんのアドバイスコーナー

やるべきことを、やりきれたか？
自分の心に問いかけてみよう。

それから
モッティは
頑張った

オ～い！！

クラウドファンディング

注目

ファイト！ペンギン村

80%

ホテルや…

ブライダルフェア

ギフト

デパートや道の駅

コラボ企画

オリジナルカクテル
ベリーハピネス
フォーエバーです

ウム…

すっ

プロモーション

おいしいのみかた

2ヶ月頑張った結果……

つづく

STEP 0
STEP 1
STEP 2
STEP 3
STEP 4
STEP 5

STEP 4 のおさらい

★キャッチコピーやデザインで商品ブランドを作っていこう

- ●●といえば△△といった状況を目指そう。
- 無料のツールでキャッチコピーのヒントを得よう。
  （Yahoo！知恵袋、教えて！goo、Amazon、Pinterest など）

★ストーリーで伝えて相手に共感してもらおう

- 商品や事業だけでなく、自己紹介にも効果的。

★クラウドファンディングを実践してみよう

- クラウドファンディングには予約販売や新商品のテストマーケティングの使い方もある。

★プレスリリースでメディア出演に挑戦してみよう

- テレビやラジオなど、大きいメディアで活動を広げよう。

★試して結果が出ていない時の対策も考えよう

- 結果を出すためには地道な努力は不可欠。リスクを検討して、計画を立てておこう。

STEP 0
STEP 1
STEP 2
STEP 3
STEP 4
STEP 5

STEP 5

継続する。

1人ではなく、チームで
より良い結果を生み出そう

オ〜！

1000本
売り切れでーす!!
やりました!

テレビの
追加取材や
増産の話も
出てます!
大成功です
よね!

そうだね
ここまで
よく
頑張ったね!

ま大注目のワイン

とってもおいしいいちご

僕、次は
1万本とかいけると
思うんですよね〜
1000本やり切ったし
次を期待されてますし

メーさんの
イチゴの生産も
間に合わんじゃろ

1万本作って
売れんかったら
大赤字だよ

グサ

グサ

というわけで
これまでの
結果を整理しよう
そして
次に繋げていくよ

大丈夫!
ものごとを続けていくための
とっておきの仕組みがあるよ!
これを機に
苦手を1つなくそう!

整理も

継続も

苦手…

STEP 0
STEP 1
STEP 2
STEP 3
STEP 4
STEP 5

STEP 5
01 習慣を継続する PDCAを実践しよう

 今回は、販売本数が1000本だったからワンマン体制でも達成できたけど、1万本となるとそうはいかないよ。チーム全体が1つになって目標に向かって実践しないとね。

会社全体で行なう事業なら、みんな一生懸命やるでしょ。

 それはモッティの希望だし、1回成功しても調子に乗らないこと。みんながモッティの考えに賛同して取り組んでくれるとは限らないし、多くの人数で1つのプロジェクトを達成するには、チームを強くすることが不可欠だよ。

 え……じゃあ、どうすれば……。

 まずは、チームワークのためにも「PDCA」を学んでいこう。

 ……PDCAですか。よく耳にする言葉ですよね。

 え。私、知らないよ。パイン（P）、ドリア（D）、キャロット（C）、アップル（A）？

 メーさん、食べ物ばっかりですよ。あれ？　なんかこのツッコミ、聞き覚えが。ギン師匠！　ご説明を！

PDCAは、「Plan（計画）→ Do（行動・実験）→ Check（評価）→ Action（改善）」で、目標を達成するために効率を上げて継続することを考える思考法だよ。

 Actionの後はどうするんですか？

 新たなPlan（計画）から回していくんだよ。

　下の図でボディービルダーを目指すアザラシさんを参考にしてみよう。

PDCA の失敗原因

STEP 0
STEP 1
STEP 2
STEP 3
STEP 4
STEP 5

　PDCA は、立てた計画を実行し、それが機能しているかをチェックして不具合の改善策を考えて次の成果に向けて計画する。その繰り返しを重ねていくことなんだ。一見、当たり前のように聞こえるかもしれないけど、個人もチームもこれがうまく続かないことが多いんだ。

　誰しもあると思うけど、モッティも今まで実行しようと思ったけど継続することが難しくてうまくいかなかったことはないかい？

　え～と……こんな感じでしょうか。

- 計画に時間をかけすぎてしまう
- 計画だけで、行動に移しきれなかった
- 行動の結果の検証を行わずに、成果ばかりを求める
- 改善を検討せずに次の行動をし、良い結果にならない

　そうだね。僕にも経験があるよ。PDCA を学校や仕事で実践しようとした人たちは、1 度くらいこんな経験があるんじゃないかな？　これは、急に大きなことを実行しようとするときに起こりがちだから、小さな PDCA を回していくことで継続する仕組みを作っていこう。まずは、日常生活でイメージを深めていこう。

ギンさんのアドバイスコーナー

奇跡は一生懸命動いている人のもとに起こる。

STEP 5

02 PDCAの実践方法

 PDCAの仕組みはわかりましたけど、具体的なイメージが まだ湧かないですね……。

よし。じゃあ、実践してみよう。より身近な例が良いね。 例えば……モッティはこないだ、「我が家の食費が高い……」って 言っていたけど、なんでなの？

僕の外食が多いんです。お弁当作りに挑戦したこともある んですが続かないので、もうご飯をがまんするしか……

モッティが原因なんだ。ランチにどれくらい使ってるの？

 1日1500円×20日（平日）くらいで1ヶ月に3万円くらい 使ってるんです。できるだけ費用を減らして1年後には10万円程 度で家族旅行に行くことが目標なんです。

よし。じゃあ今回は、ランチ代節約に再チャレンジしよう。 まずは無理なくできる目標と計画を決めて実行。実行後は確認と 検証をして問題点や改善案を考えて良い継続習慣を作っていくよ。 「できることから小さく」で大丈夫。今回は過去に実践した失敗 と一緒に比較してみよう。 みんなも今から継続したいことや失敗経験や想像しながら読み 進めてみてね。

わかりました！　今度こそ成功させます！

PDCAの考え方と作り方

ここからは、PDCAを実際に回していこう。今回、モッティは食費を減らして貯金を頑張るだけでなく、そのお金で旅行へ行くことを目標としているよ。

■ P（Plan）

まずは「目標達成の計画」を考えていこう。達成したい目標は具体的にしていくよ。

ただ、計画は細かすぎないように注意しよう。細かすぎると良い計画はできても、ときに予定外の事情で進捗が悪くなると長続きしないことが多いからね。また、目標達成までが長期間の場合は、分割して短い期間の計画も立ててみよう。

■ D（Do）

　よし。計画を「実行」していくよ。つべこべ言わずにまず実行！
　ここでは具体的なToDoリストを作ってみよう。自分にできる
小さなことから実行していくことで自信になるよ。結果を出すこ
とはもちろんだけど、行動を継続する習慣を身につけよう。ここ
で大切なことは、実行出来ない日があったとしても気にせずに、ま
た再開すること。人間は完璧じゃないし、実行の結果を次のCheck
とActionで原因分析と対策を考えるからね。

■ C（Check）

　実行の結果を振り返る「確認・検証」をしていこう。PDCAが
うまくいかない人はこのCheckを行なわずに諦めて次の計画を立
てようとするからうまくいかないケースが多く見られるよ。
　ここでは結果の確認はもちろんだけど今回、実践した方法は適
正だったのか？　もっと効率的な方法ややるべきことはないのか？
なぜできなかったのか？　といったポイントを検証していこう。

A（Action）

　最後は「改善」だよ。Checkで行動の反省をした後に、どのように解決していくかを考えよう。問題点や問題の原因を確認できてもそれを放置したまま次の計画や行動を実行するのではなく、解決策を考えて次のPDCAを実施していこう。

繰り返しになってしまうけど、PDCAは問題点が見つかったからといって計画自体を断念したり、目標達成までが遠いから諦めることがないように、簡単なことから始めよう。小さな目標達成を積み重ねることが効果的だよ。

たしかに。小さくても目標を達成する方がモチベーションアップにつながりますからね。

そうだよ。大きな枠で行動することも大切だけど、小さな行動が積み重なって大きな成功となるからね。これは、仕事だけでなく家事や貯金も同じ。広い範囲で通じる目標達成術だから、まずは身近なことから実践していこう！

習慣になれば、コツコツと小さなPDCAのボックスを積み上げることで大きな成果を得られるからね。

大作を作ろう！

ファイト!!

ギンさんのアドバイスコーナー

価値を生み出すことは、才能ではない。
深く考え続ける、強さがあるかだ。

STEP 0
STEP 1
STEP 2
STEP 3
STEP 4
STEP 5

STEP 5
03 PDCAを円滑にする 3つのポイント

PDCAのコツは小さく、たくさんのPDCAを回すことで大きな目標達成を目指すことだとわかったね。さあ、次はモッティがワインを1万本販売するためにリーダーとして必要なことを考えていこう。何が必要だと思う?

そういわれるとプレッシャーで自信なくなってきました……。僕が一生懸命販売したり、販売先を確保する姿をみてもらうことで、みんなに頑張ってもらうことですかね!

自分が結果を出すことはもちろん大切だよ。ただ、それだけだと独りよがりとなって、チームとして機能しないことがよくあるんだ。チームリーダーには次の3点が大切なんだ。

■ 課題分析　　■ 企画・管理　　■ ホウレンソウ（報連相）
(P183参照)　　　 (P183参照)　　　 (P192参照)

今までは人数が少なかったからある程度、コントロールできましたけど、人数が増えると管理とかできるのかなあ……。

大丈夫。1000本の販売をやり切ったモッティなら必ずできるよ!　読者のみんながリーダーではない場合でも、もし自分がリーダーになったときにはしっかりと活用できることだし、普段の仕事を見直すきっかけになるよ。

想像してもらいたいんだけど、みんなの周りにはこの3点をうまく実践できている人はいないかな？　もしかすると、その人はリーダーの場合もあれば、チームメンバーや一緒に仕事をしている取引先であることもあるよね。

たしかにそうですね。そういう人はリーダーであるかどうかにかかわらず、チームのキーパーソンですよね。

しかも、その人は1人である必要はないよね。今、自信のない人は自ら小さくても良いから変わっていくことで、チームでも仕事を円滑に進めていける人になろう！

ここまできたら僕もやり切りますよ。僕も少しずつ変化していかなきゃ。早速、チームメンバーに集まってもらいましょう！

ギンさんのアドバイスコーナー

リーダーとは、希望を与える人のこと。

STEP 0
STEP 1
STEP 2
STEP 3
STEP 4
STEP 5

STEP 5

04 課題分析と優先順位の策定

 今回、このチームで新商品の「しあわせのいちご」を1万本販売することを目指します。今日はその企画を検討するために集まっていただきました。

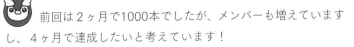 いつまでに販売することが目標なん？

 前回は2ヶ月で1000本でしたが、メンバーも増えていますし、4ヶ月で達成したいと考えています！

4ヶ月!? そんなに急に販売できるわけないやろ！ どうやって販売するんや!? もうちょっとチームメンバーの経験年数や、ほかの仕事のバランスも考えなあかんで。

え?! まだ、販売方法は具体的には決めてないです……。けど、僕も営業は続けますので、できるかと……。すみません!!

はい！ まずは販売するためにどんな課題があるか、どれくらいのスケジュールで販売していくか、スケジュールを立てていきましょう。チーム全体が同じ方向を向いて行動しないとうまくいきませんからね。

企画（課題分析し、スケジュールを作ろう）

 まずは、現状の課題について考えていこう。

　今回の販売目標は1万本だったよね？　その目標を達成するためにチームとして何が課題になっていて、どうやったら実現できるかを考えていこう。ここで大切なことは、リーダーの考えだけでスケジュールや目標を決めないこと。企画が独り歩きしてしまうし、やらされ仕事では良い結果が出ないからね。

 僕も含めてチームメンバーにアンケートを取って整理したら以下のような結果になりました。

課題と解決方法リスト

課題	解決方法
ワインの認知度を向上させたい	・新聞広告を実施（見開き1ページ） ・SNSやブログの活用 ・イベントの実施 ・メディアへの営業活動 ・新規、既存顧客に営業
販促品が少ない	・ポスターなど、土台は自分たちで作り、ブラッシュアップを業者へ依頼
商品の特徴についてメンバーの理解にばらつきがある	・製造過程 ・メーさんより原料の良さを教えてもらう
商品を活かす方法を知らない	・料理人へワインに合う料理の選定を依頼する
オススメの飲み方が決まっていない	・バーテンダーへ飲み方のアイデアを出してもらう依頼をする
商品の評価を正式に受けていない	・ワインソムリエへ評価を依頼する
購入してもらうための手順がわかっていない	・AISASなど人が興味を持った後、どのように購入してもらえるかを学び、アイデアを実践する
どのように提案したらよいかわかっていないのでコツがほしい	・モッティの営業研修を実施 ▶成約までのフロー ▶どのような会社へオススメか ▶ベースとなる提案を検討する

チーム内で考えると色んな視点があるから、けっこう、アイデアが出ましたね。

アイデアが出るのは素晴らしいね。これに優先順位をつけてスケジュールを考えていこう。

そういえば、優先順位って大切だってことはよく聞きますけど、どのように決めていけば良いですか？　何か方法があれば教えてほしいです。

せっかくみんなで課題を考えたから、みんなで方法を考えてみようよ。

簡単に言いますけど、これだけタスクがあると優先順位を考えることも悩みません？

そんなときには、ポジショニングマップ（P086）の応用で緊急度合と重要度合で優先順位を作ってみよう。

これにそれぞれ当てはめるということですね。このA〜Dはそれぞれどんな特徴があるんですか？

優先順位のポジショニングマップ

	高	
A 重要度:高 緊急度:低	重要度	**B** 重要度:高 緊急度:高
低 ←		緊急度 → 高
C 重要度:低 緊急度:低		**D** 重要度:低 緊急度:高
	低	

まずはその特徴を説明していこう。みんなにも共通してあてはまることがたくさ

んあるはずだから、自分のことを想像しながら読んでみてね。

高 ↑

B：緊急度も重要度も高い仕事。この仕事は迷わず実施しないとね。クレーム処理もこれに該当するから良い仕事ばかりではないよ。

A：緊急度は低いけど重要度が高い仕事。将来に対して取り組んでいることだね。このAの仕事の進捗が遅いとBの仕事に変化しまうこともあるよ。

優先度

D：緊急度は高くて重要度が低い仕事。自分にとっては価値を生むものじゃないけど、やらないといけないこともあるよね。例えば、急ぎでないメールの返信や、上司から頼まれたあんなことやこんなこともあてはまるんじゃないかな？

C：緊急度も重要度も低い仕事。なくす方法か素早く終わらせる方法を考えていこう。

↓ 低

これを見ると、Aの仕事が最も前向きで将来的にも成果が出そうですね。

そうだね。ただ、Aの仕事は成果が出るまでに時間がかかるケースも多いんだ。先送りした場合は、緊急度が上がってしまってBの仕事に手が進まなくなってしまうから、定期的に見直しが必要だよ。

自分の優先順位を見える化しよう

STEP 0
STEP 1
STEP 2
STEP 3
STEP 4
STEP 5

●自分が取り組んでいる仕事やプライベートについて、優先順位をつけてみよう。

●モッティはみんなとチーム全体でまとめていくよ。

●優先順位を決めたらスケジュールに落とし込んでいこう。

WORK｜優先順位のポジショニングマップ

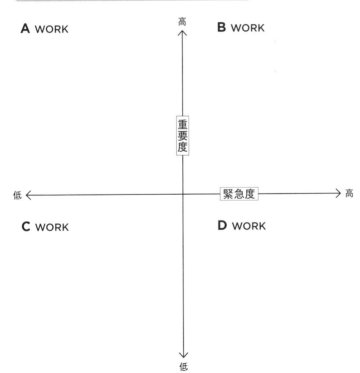

「しあわせのいちご」販売計画の優先事項の可視化

A WORK

高

B WORK

- インフルエンサーとのコラボ準備
- SNSやブログ記事などの継続掲載
- 商品の評価を外部から受ける
- ○△賞を狙ってみる
- 商品を活かす方法の対策やアイデアを練る（雑談も良し）
- 新聞への広告掲載

重要度

- 営業先の増加
  （アポや訪問件数を増やす）
- ネット販売で村外のお客さん獲得
- イベントを行なって売上を伸ばす
- 知識の共有
- 販促品の作成

低 ←――――――――――|緊急度|――――――――――→ 高

C WORK

D WORK

- 無駄に集まる会議
  （時間を決めて行なう）
- 紙などアナログな業務
- 名刺の整理
- 身の回りの整理整頓
- 日々のルーティンワークの効率化

- 上司から製作を依頼されている資料を作る
- 社内などのメールの返信
- 他部署との連携確認

低

　　一度自分たちで考えてみると「今から何を優先しなくてはいけないのか」ということや、長期的な目標達成に向けた動きを考えることができて良いですね。

　　そうだよ。SNSインフルエンサーとのコラボや新聞への広告掲載は今すぐにはできないけど、コツコツと準備をしていくことで実践できると大きな成果になるよ。

通常業務もありますけど、できますかねえ。

Aの仕事は成果が出るまでが長期的だけど、成果が出たときは大きいよ。例えば、YouTubeの動画配信も似たことがいえるよね。始めは見てもらえないことが多いけど、継続しているとヒットすることがよくある。

たしかに、継続投稿がとても大変ですよね……。でも、何かをきっかけに急に人気が出ると大きな成果がでます。Aの仕事、頑張らないといけませんね！

そうだよ。目先の目標だけでなく長期的な目標も大切にね。
　ただ、CとDの仕事はできるだけ早く済ませるために、メールはできるだけ回数を減らすことや日常で行っていることを短縮したりデジタル化できないかを考えてみよう。
　今はインターネットで時短の方法をたくさん検索できるし、Google を始めとして便利な無料ツールがたくさんあるから普段当たり前に行なっていることにも疑問を持って改善してみよう。
　優先順位がつけれたらスケジュールを立てて企画を実行する準備をしよう。

ギンさんのアドバイスコーナー

時間とは平等であり、有限だ。
その価値を見出せない人に未来はない。

189

STEP 5
05 チームのスケジュールを検討しよう

さっそく、スケジュールを作っていきましょう。課題も出しましたし、いかに早く1万本の完売を達成できるか、考えていかないといけませんね。

ヒョウアザラシ先輩が言っていたように、無茶な計画はいけないよ。今回はモッティだけでなく、チームメンバーがいるからね。リーダーの想いだけで決めるのではなく、下図のようにチームメンバーのことも考えてスケジュールを立てていこう。

大きなプロジェクトになればなるほど、意志統一やレベルアップが必要になるよ。

なんとか決めることができましたね。自分の達成したい想いだけでなく、長期的な達成ができるように考えました！

全体のスケジュールを決めた後は、それを細かく分けてメンバーに仕事を任せていこう。そのスケジュールはみんなが情報共有できていないといけないことだから、共有しておくことをオススメするよ。

そうですね。みんながよく通るミーティング室に貼りましょう。意識を高めていかないといけませんね。

お！　小さくPDCA（P176）も継続していくことを意識して全体に情報共有できる環境を作ることは良いことだね。他にもチーム全体で逐一情報を共有して協力ができれば、モチベーションが上がってくるから実践してみてね。

　繰り返しになるけど、リーダーベースですべてのことを検討しないこと。しっかりとチームで目標を共有し、達成を目指そう。

わかりました。さっそく、このスケジュールと管理表、社長にもみせてきます！

　やるぞー！

ギンさんのアドバイスコーナー

未来とは、今の連続である。
今を強く生きよう！

STEP 0

STEP 1

STEP 2

STEP 3

STEP 4

STEP 5

STEP 5

06 ホウレンソウは
コミュニケーションの基本

 さて、社長にもOKもらったし、チームメンバーと課題や解決策のギャップもうまくまとめることができて企画もスタートしましたので、1ヶ月後のミーティングが楽しみですね。

1ヶ月後!? そんなに長い間、進捗管理はしなくても良いの? PDCAは大丈夫?

ヒョウアザラシ先輩もいますし、前回のミーティングではみんな積極的になってくれましたので大丈夫ですよ♪

▶しかし、2週間後

 モッティさん、企画が決まったのはええけど、全体の進捗や今後の動きについて心配しとるメンバーが増えとるで。特に新人のラッ子さんは進捗悪くて困っとったで。
　リーダーなんやから、もうちょっと進捗管理してくれな。

え……わかりました。企画で決まったことだから、後はみんなに任せて良いとばかり思っていました……。

みんなに任せることは良いことだけど、企画の進捗管理は大切だよ。今回はホウレンソウをしっかりと活用して、モチベーションを上げながら進捗管理を行なっていこう。

ホウレンソウを使った良い循環サイクル！

STEP 0
STEP 1
STEP 2
STEP 3
STEP 4
STEP 5

ラッ子さん、計画と現状にけっこうな差がありますね。

途中で手間取ってしまって、進捗が悪くなってしまいました。自分から相談すれば良かったんですが……。すみません。

ラッ子さんにも相談ができていなかったという原因があるけど、モッティの管理にも課題が出たね。

これはホウレンソウ（報告・連絡・相談）で解決できるんだ。この根底にあるのはコミュニケーションとなるし、どれだけ技術がある人でもコミュニケーションがなければお客さんの要望を聞き取ったりできない上に、チーム内の管理もうまくいかないことが多いよ。

ホウレンソウはよく聞く言葉ですよね。ホウレンソウってリーダーではなく、チームメンバーがするべきことではないですか？

ホウレンソウはチーム全体で必要なことだよ。実際に、モッティは進捗管理、ラッ子さんは報告・相談ができていなかったよね。わかっているつもりでも意外と多くの現場で起きていることじゃないかな？

それじゃあ、ミーティングの頻度を増やして進捗確認とかホウレンソウといったコミュニケーションをすればなんとか管理はできそうですね！

もちろんミーティングは大切だよ。けれど、それ以上に定期的にホウレンソウができていると、もっと良いんだ。

これはミスなどの悪い報告だけでなく、良い出来事も同じだよ。問題が起これば協力して解決できる関係が築けるし、良いニュースは相談者だけでなく全体のモチベーションを上げるからね。

それじゃあ、みんなに積極的にホウレンソウをしてもらわないといけませんね！

たしかに、みんなから随時、ホウレンソウをもらえると、今、どうなっていて何に困っているかわかるから安心だし、全員が同じ方向を考えることができて一体感がありますね。

みんなからのアクションだけでなく、リーダーからも求めることが必要だよ。中にはホウレンソウを苦手とする人や、良い話をアピールすることが苦手な人もいるからね。待つだけでなく、リーダーからも定期的に求めることでホウレンソウしやすい環境作りを目指していこう。

それが、チームの一体感にも繋がっていくよ。

STEP
0

STEP
1

STEP
2

STEP
3

STEP
4

STEP
5

たしかに、僕も以前は相談しにくい雰囲気を経験したなあ。リーダーからも声をかけてくれると助かりますね。

そうだね。ここからはホウレンソウを分解して具体例を交えて考えてみよう。

まずは報告からどんな役割があるのかも確認していくよ。

■ 報告（ホウ）

> リーダーからチームメンバーへ依頼した指示に対して、仕事の進捗状況や結果などを知らせること。

ここで大切なことは、事実と意見を区別すること。

１ まずは、何に対する報告であるかを伝える。

例 モッティさん、新規取引先を５店舗増やす目標について報告があります。

２ 結果を伝える。

例 今は、３店舗と取引開始の契約をしています。

３ 報告に至るまでの状況や今後の取り組み内容、終了時期などを伝える。

例 残りの２店舗は見込み先が４店舗ありますので目標の５店舗までは月末までに契約がもらえそうです。

STEP
5

継続する。

職場で何の報告か言わずに今の状況に至るまでの話をして「で、結果何なの？」という状況になっている人を時々見かけてるので、注意しないといけませんね。

今回の例は前向きな進捗報告で目標達成を勢いづける報告だったけど、課題や疑問、失敗があるときは報告から相談をすることで問題解決も図っていこう。悪い報告ほど早めに対応しよう。

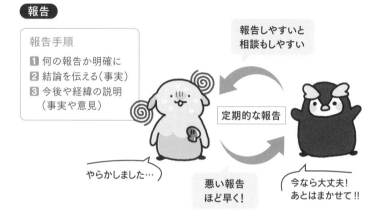

報告

報告手順
1 何の報告か明確に
2 結論を伝える（事実）
3 今後や経緯の説明
　（事実や意見）

報告しやすいと
相談もしやすい

定期的な報告

やらかしました…

悪い報告
ほど早く！

今なら大丈夫！
あとはまかせて!!

■ 連絡（レン）

> チームの上下関係にかかわらず、該当する関係者に対して
> 業務や作業上で知り得た情報などを知らせること。

　誰もが情報を知らせる側にも受け取る側になるし、プロジェクトリーダーから所属メンバーに向けての通達などもあるよ。朝礼やミーティングなど、普段行なっていることを活用していこう。
　複数人の前で伝える機会であれば、プレゼンテーションの練習と思って実践してみよう。

ここまでは、進めている仕事や新しい情報など、事実をメインに伝えることだったけど、最後の相談は、自分の考えをまとめた上で行なうと効果的だし、不足していることは研修や情報共有で伸ばすことができるからとても大切だよ。

■ 相談（ソウ）

> 判断が難しいときや迷うとき、自分の意見・考えを聞いてもらいたいときや情報が欲しいときなどに、チームの意見を参考にすることで問題を解決していこう。

 これが意外にも上手にできていない人が多いんだよ。

え！　僕、わからないことあったらすぐ聞きに行きますよ？「どうしたら良いですか？」って。

わからないことを先送りしていないことは良いことだよ。ただ、質問方法は 0 点だね。

 ゼ……0 点⁉　せっかくここまで学んできたのに。

 ごめんごめん。けれど「どうしたら良いですか？」だけでは自分で考えずに答えを見つけてしまうからね。

　せっかくここまでツールや手段を学んできたけど、ツールだけでは成長が少ないんだよ。

---

１ 相談内容を明確に。

例 　今、商品を取り扱ってもらうために営業活動を頑張っているんですけど、少し苦戦中なので相談したいんです。

２ なぜ、相談の状況になったのか。それの解決案を伝える。

例 　新しい商品でお客さんにイメージが伝わりにくいので、販促品としてパンフレットが必要じゃないかと思っているんです。

３ 解決案に対して具体的な行動や考えを示して相手の意見を聞く。

例 　他の似た商品のパンフレットを使って自分たちで作るか、業者に依頼するか悩んでいるんですけど、何かアドバイスもらえませんか？

早く答えを教えてもらって解決する方が良いんじゃないで すか？

それでは自分で考える習慣はつかないよ……。間違ってい ても良いから、まずは自分が調べたことや考えたことを元に相談 しよう。事前に考えをまとめておくことで、自分の課題が何なの かをはっきりさせることができるよ。

また、多くの選択肢を考えて、相談する相手に具体的に聞くこ とができるから相手のニーズを引き出すことに繋がる質問力や聞 く力もアップできるよ。

これを繰り返していくだけでも質問の仕方が変わってきて、同 僚だけでなく、お客さんや友人間のコミュニケーションでも良い 影響が出てくるから、しっかり意識していこう。

相談

相談手順
1 相談内容を明確に。
2 なぜ、相談の状況に なったのか、解決案は ないのか。
3 解決案に対する具体 的な行動や考えを示し て、相手の意見を聞く。

相談を引き出して
問題解決！

相談

間違っていても大丈夫！

現物や資料を持って相談 することで、相談相手にわ かりやすく伝えよう。

STEP
5

継続する。

メンバー全体で共有した方が良さそうな質問や課題が出た際は、研修やミーティングで事例を共有すると良さそうですね。

良いことだね。そうすれば、全体のレベルアップもできる。チームで目標を達成するためにも、最初に伝えたようにホウレンソウがしやすい雰囲気にしていかないとね。

　リーダーがホウレンソウしやすい雰囲気作りを待つのではなく、自らからホウレンソウを引き出していこう。読者のみんながリーダーでない場合は、自分からホウレンソウをたくさん実施することを意識していこう！

　自分が変わることでチームも変化してくるよ！

じゃあさっそく、僕が社長やギンさんだけでなくチーム全体にホウレンソウを実施して協力関係を高めていかないといけませんね。

その調子だよ！　チーム全体が協力体制を作れて世間に商品を認めてもらえれば10万本も夢じゃないよ！

ギンさんのアドバイスコーナー

他人と比較し続けている限り、
自分を変えることはできない。

STEP 5

07 チームで実現したいこと

STEP 0
STEP 1
STEP 2
STEP 3
STEP 4
STEP 5

 良いチーム作りが進んでいるおかげで、スパークリングワインの販売も順調のようだね。

 そうですね。目標まで少しずつですが進んでいます。

 ところで、このスパークリングワインを製造して販売することで何を達成したかったんだっけ？

 自分や会社の成長はもちろんですけど、最終的にはワインをペンギン村の観光資源にして村を活気づけることですね。

 忘れてなかったね！ 最後に、最近、浸透しつつある「SDGs（エスディージーズ）」で、今の事業で社会を巻き込むことを考えてみよう。

 これまた、わかりにくい英語がきた……。

 大丈夫。最近ではテレビコマーシャルや目立つバッヂ、看板などを見る機会も増えてきているから、簡易的な例も含めて考えていこう。

SDGsで地域の課題解決

そもそもSDGsって何ですか？

SDGsは簡単にまとめると「2030年までに達成したい世界共通の目標」だよ。目標のテーマは17種類あって、みんなで世界を良くしていこうという動きが進んでいるんだ。

これ世界規模ですよね。ペンギン村の酒造メーカーでは程遠い話なんじゃないですか？

そんなことはないよ。今回のスパークリングワインは15「陸の豊かさも守ろう」、11「住み続けられるまちづくりを」を達成できる可能性があるよ。

　ペンギン村のメーさんとパートナーを組んで、イチゴをフル活用した新製品を作って村の観光資源にする。村が元気になれば人も集まって雇用が生まれたり、住み始めてくれる人が増えることに繋がるよね。

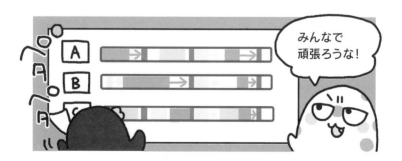

みんなで
頑張ろうな！

STEP 0

STEP 1

STEP 2

STEP 3

STEP 4

STEP 5

　下図は今、目指したいモッティの想いと併せた表だよ。

ペンペン醸造が行う地域課題の解決

実現したい社会	ペンギン村に注目が集まり村の活気が生まれる	
生み出したい変化	新しい地域ブランドの創造	来村者・移住者が増える
SDGsの項目	15 陸の豊かさも守ろう	11 住み続けられるまちづくり
達成しなければ いけないこと	・地域事業者とのコラボ実現	・観光スポットを増やす ・雇用を生み、移住者を増やす
事業内容	お酒づくり （スパークリングワイン）	恋をテーマにした ブランド化を推進
必要な条件	・地域資源 ・醸造技術 ・地域起業	・行政や民間企業からの 業務受託や共同事業

　このようにSDGsが意識された事業は、1つの事業から複数の課題を解決できることにつながるし、地元地域の社会問題をも解決できる可能性があるんだ。

　ペンギン村を実際に活気づけることができたと実感できたときは、チームのメンバーも含めて達成感が大きくなりますね！なんだかこれ、MVV（P059）と少し似てますね。

　そうだね。MVVを思い出してくれているからモッティも意識が変わってきているなあ。

　けど、単純にSDGsを掲げているだけでは、チームのモチベーションには効果がない。MVVと同様にしっかりと考えられたものであれば、社会貢献をしている事業者として外部へのアピールにもなるし、事業影響力も大きいんだ。

なるほど。SDGsって他の地域での事例はあるんですか？ペンギン村と似たような課題を持っている地域もあるかもしれませんし、お酒を使って新しい事業をプロデュースできるかもしれませんので参考にしたいです。

おお！　次のプロデュースか！　SDGsの事例については、下の図のように調べてもらうと特設ページがあるから自分たちが住んでいる地域の事例も参考にしてみてね。

経団連　SDGs	検索

SDGs　県名　事例	検索

調べてみたら隣村など、身近な地域でも取り組んでいますね。僕たちは、まだまだ影響力が少ないので今回の企画をやりきったら新たな目標を通じてSDGsを意識した事業に取り組んでペンギン村を盛り上げていきたいですね！

ギンさんのアドバイスコーナー

働くということは、
社会を豊かにするチカラのことだ。

STEP 0

STEP 1

STEP 2

STEP 3

STEP 4

STEP 5

STEP 5 のおさらい

★ PDCA でチームでも仕事を円滑に回そう

・Plan（計画）⇒ Do（行動）

⇒ Check（評価）⇒ Action（改善）

・小さなPDCAの実績を積み重ねることで大きな成果を出そう。

★ リーダーとしてチームに必要なことを実践しよう

・課題分析

課題を出した後、ポジショニングマップを活用して優先順位を決めよう。

・企画・管理

優先順位からスケジュールを決めよう。リーダーの想いだけで決めるのではなくチームの意見も大切にしよう

・ホウレンソウ（報告・連絡・相談）

リーダーでもリーダーでなくても力を抜けないコミュニケーション。できている人も自分を振り返ってより良いチーム環境を目指そう。

★ 事業の実績に地域課題の解決も加えよう

・SDGsを取り組むことにより、社会貢献度の高い事業者として外部の評価を得ていこう。

エピローグ

なんとなんと　1万本達成しました！

いろいろなことが
ありましたが
なんとか
達成しました
みなさんのおかげ
です

これでモッティも
独り立ちだね！
よく頑張ったね！

ホロリ…

えっ

！？

次のプロデュースは
日本酒を考えて
いるんです!!

しあわせの
しずく

ギンさん
ご指導
お願い
します!!

え!?
まだ僕が必要!?

バレンタインに向けて
かわいい
ギフトセットを…

しあわせのしずくは、
ペンペン神社の
湧き水を…

pmf調査に
よると…

最後まで読んでいただき、本当にありがとうございます。

　この本は、僕が仕事を始めてから、今までの実体験で学んだことをまとめた内容となっています。よく、「○○をすれば結果が残る」といった魔法の言葉が散見されますが、本書ではビジネスの現場で必要な基礎的な思考法を内容としました。

　私に届く相談内容に、何か挑戦したい、挑戦しているけど行き詰っている、「だからどうしたら良い？」といったすぐに明確な答えを求める相談が多かったからです。そこで、本書のような基本となる考え方を継続して使うことでより良い結果を生み出せる自分を作り出してほしいという願いを込めて作りました。

　今回は、ビジネスのちょっとした先輩の立場で、本書を通じてあなた自身の目線に合わせて話ができると思っています。あなたの伴走者になれるような本になれば嬉しいです。

　今の時代は、変化が本当に激しい時代です。2020年、新型コロナウイルス感染拡大の影響で変化はさらに加速しました。僕らは変わり続けていかなければ、衰退の一途を辿ります。ぜひ、プロデュース思考を身につけ、一緒に時代を引っ張る人財になってほしいと思っています。

　また、本書の制作にあたっては、イラストレーターの川谷美紀さん、（株）ザメディアジョンの編集者 堀友良平さん、デザイナーの向井田創さん、そしてブランドプロデュースラボのメンバーにはたくさんのご支援をしていただきました。この場をお借りして御礼を申し上げます。

　そして、僕が起業をしてから大切にしている言葉を贈ります。

　最も強い者が生き残るのではなく、最も賢い者が生き残る
　のでもない。唯一生き残るのは、変化する者である。
　──チャールズ・ダーウィン

　さぁ、変わろう！変わり続けよう！
　これからの時代を作っていくのは、まぎれもない、"あなた"なのだから。

ブランドプロデュースラボ代表　川本真督

著者紹介

ブランドプロデュースラボ代表

川本真督

かわもとまさよし◎東京大学大学院卒業後、某大手企業に
就職。自分にしかできないことで社会の役に立ちたいという
想いが強くなり、東京で独立を決意。IT活用の専門家・経営
コンサルタントとして活動をはじめた。その後、ふるさとのた
めになる仕事をしたいと考え、2016年に広島へUターンし、
地域フェスの企画やブランドづくりなどを行なった。この経験
をもとに、地域で挑戦を応援するための環境づくりをすべく、
コワーキングスペースやスキルアップ研修事業を運営するブ
ランドプロデュースラボを立ち上げ活動をしている。

仕事・自分・未来を簡単アップデート
はじめてのプロデュース思考

2021年 3月 1日 初版発行

著者	川本真督
発行人	田中朋博
編集	堀友良平
デザイン	向井田創
イラスト	川谷美紀
取材・文	たにおじさん
校閲	菊澤昇吾
営業	西村公一
販売	細谷芳弘
印刷・製本	シナノパブリッシングプレス株式会社
発行	株式会社ザメディアジョン
	〒733-0011 広島県広島市西区横川町2-5-15
	横川ビルディング1階
	TEL：082-503-5035／FAX：082-503-5036

ISBN978-4-86250-704-4
©2021 The Mediasion Co.,Ltd Printing in Japan